おひとりさまの
老後のお金と暮らしの本

The Book of Aging:
Money and Lifestyle
for Singles.

百田なつき＝編著　にしだきょうこ＝絵

マイナビ

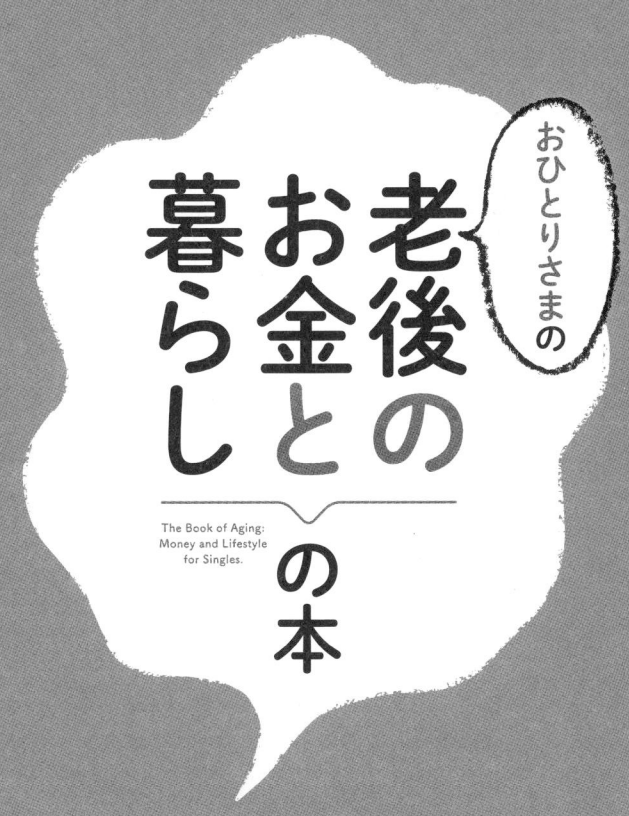

ひとりでいくよ　45歳
独身でイラストレーターやってま～す
いまだのぞみ　38歳
私も独身で会社員です販売職がんばってま～す
私たち、いわゆる
おひとりさまで～す
基本、買い物はひとり～
ひとりって気がラク！
飲みに行くのもひとり～
好きなお酒もどんどん飲めちゃう～♪

周りもおひとりさまは多いし
あっちもこっちも
世間で言われるほど気にしてないよね〜気楽なもんよ
ワイワイ
そんな私たちは映画友だちなの今日も映画の帰りです
お茶しよ
しよしよ〜
カランコロン
いらっしゃいませ
あとさ〜ジョージが風邪ひいたときの汚部屋っぷりスゴかったよね〜あそこまでなる〜？みたいな
※映画の話
クスクス…
はっ…

…ってアレ？　いくよさん？　大丈夫？
あのシーン　リアルすぎて　引いた…
私ね…実は友だちの家の鍵を　預かっていて…　その子もおひとりさま　なんだけど
私に　何かあった　ときのために　鍵持っていて　くれない？
きゅっ
こないだその子が　高熱出して　動けなくなって　LINEで　SOS来てさ
高熱出
動けん
助けて…
げっ
家の鍵開けて　果物とか　レトルトおかゆとか　持ってったら…　そりゃもう　荒れてたよ〜部屋!!
それを見て私…　兄弟いないし、実家も　遠いし、なんかあったら　**孤独死かも**…って　思ってさ〜
ガクガク
わ…私が鍵　預りますよ…
てか私のも　お願い…

私は老後のお金が心配です
年金受給開始年齢は引き上げになるし
うちの会社60歳定年なんだけど延長とかあるのかしら?
っていうより65歳まで働くのかしら!?
ニュースです
年金65歳に引き上げ
ブッ
いらっしゃいませ〜
ヨボッ
まあ気にしないでいこうよ!! 老後のこと心配だけど今のことでせいいっぱいだし
HAHAHAHAHA
そうね小腹がすいたから何か食べましょ!
マスターメニュー!!
スッ
MENU
……
マスターのおすすめ
喫茶人生 MENU
1章 年金の金額と制度をチェックしよう
2章 家の購入プランと家計・貯蓄を把握しよう
3章 老後資金の必要額と貯め方・増やし方を知ろう
4章 親の介護と相続の問題に備えておこう
5章 終のすみか、お葬式、お墓をどうするか考えよう
こっ…これは…

ちょっとマスター なんなのコレ こんなの 頼んでないわよ
そ… そうよそうよ
おふたりの話を聞いて 昔の私を思い出して思わず…
このメニューを 出しちゃった次第です
ひい!!
やっぱり私たち やばいのね!! そうなのね!
カチ コチ カチ コチ
いえいえ やばくはないですよ ただ今から少しでも 老後のことはお考えになった ほうがいいかと…
う～ 私ひとりっ子だし 母や実家のこと不安で…
MENU
MENU
私はお金のことが心配～ 年金で暮らしていけるのか? 貯蓄を増やす方法も 知りたいわ!!

それと
終のすみかを
どうするかも
考えたいわね
あれもこれも…
気がかり
すぎる…!!
ゴクリ…
MENU
MENU
メニューがお決まりでしたら
専門の先生を
お呼びしますよ
えっ!!
ホント!?
MENU
はい!!
アドバイスを聞きながら
豊かな老後に向けて
サッサッ
お金のことも
暮らしのことも
考えましょう!!
キビキビッ
マスターの言葉
胸にしみる…
そうね、この際ちゃんと
考えたほうがいいわね!!
マスター、先生を
呼んじゃってください!!
MENU
かしこまり
ました

CONTENTS

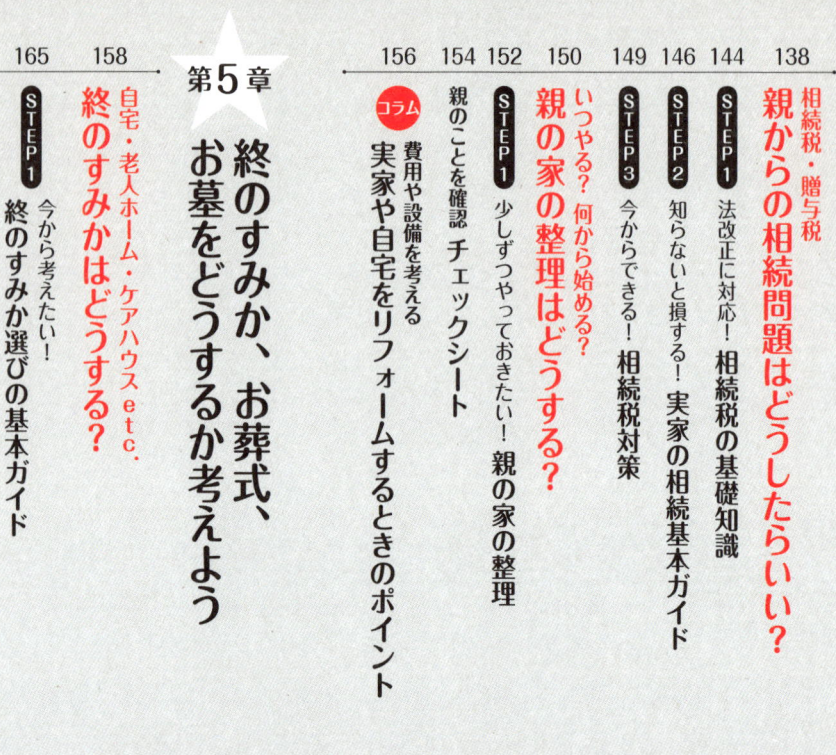

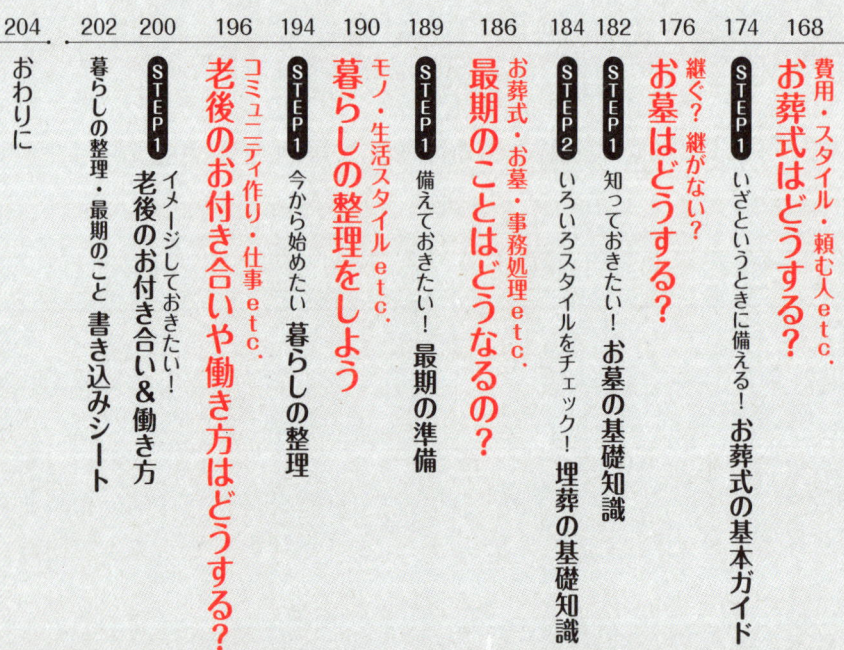

第1章 年金の金額と制度をチェックしよう

いつから？ どれくらい？ 年金はもらえるの？

先生！よく巷で『老後資金は3000万円ないとダメ』とか言われるの本当ですか？そんなお金持ってないんですけど…
かき集めてもムリ…
私も今2000万円しか貯蓄ないです…これもマンション購入の頭金の予定だし…
結婚式費用にあてるかも…
やった～
まだまだ嫁に行くつもり。
3000万円なんて根拠ないですよ!! P102でしっかり説明しますね
ガリッガリッガリッ
本当？よかったぁ～
先生 年金って私たち世代はもらえるんですか？
年金がもらえなくなるなんてことはまずありませんよ！
今後、年金の受給開始年齢が65歳から67歳になったりすることはあるかもしれませんが
え～～!!
やっぱり不安だわ～

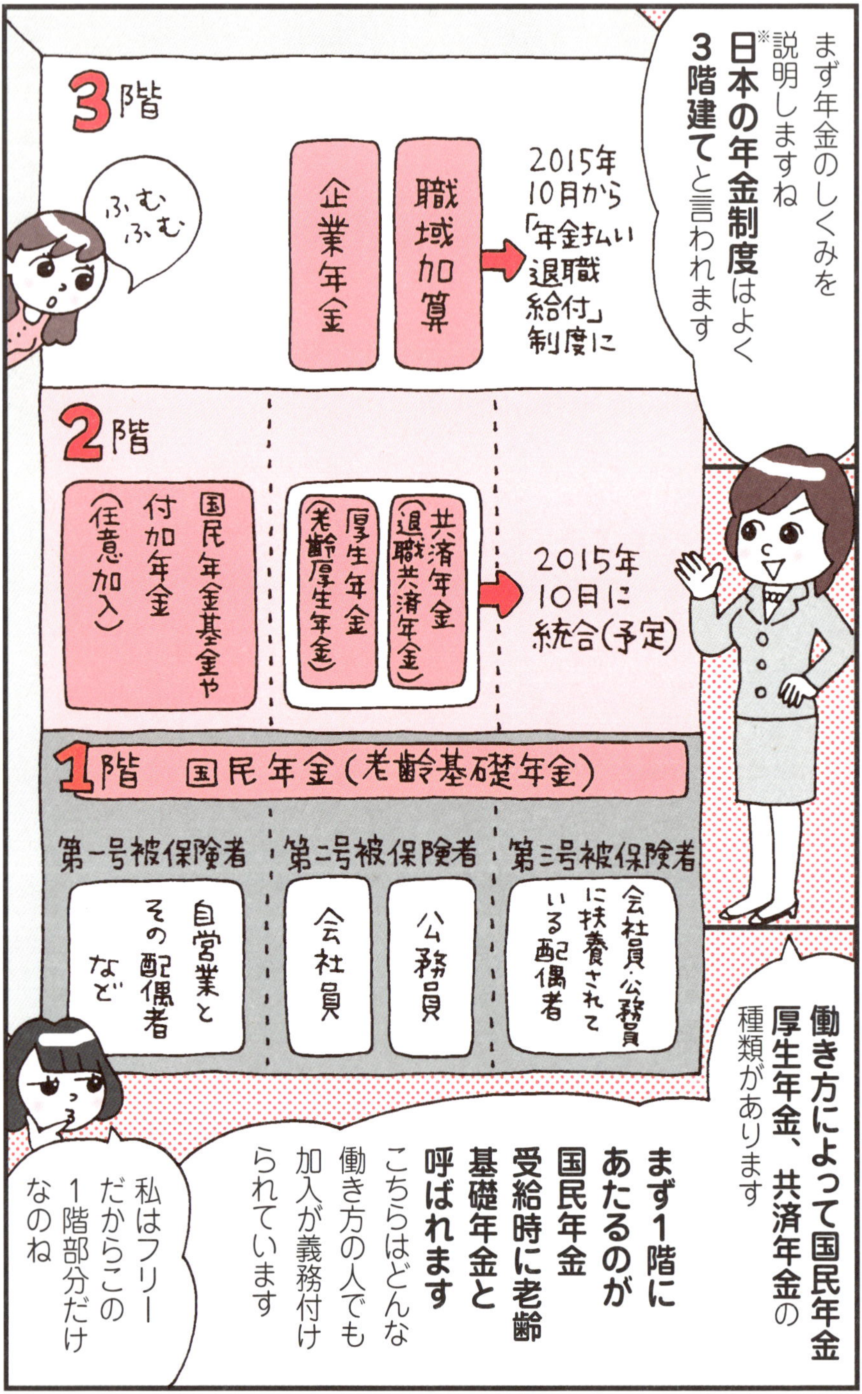
まず年金のしくみを説明しますね
※日本の年金制度はよく3階建てと言われます
ふむふむ
3階
企業年金
職域加算
2015年10月から「年金払い退職給付」制度に
2階
国民年金基金や付加年金（任意加入）
厚生年金（老齢厚生年金）
共済年金（退職共済年金）
2015年10月に統合（予定）
1階　国民年金（老齢基礎年金）
第一号被保険者
自営業とその配偶者など
第二号被保険者
会社員
公務員
第三号被保険者
会社員・公務員に扶養されている配偶者
働き方によって国民年金 厚生年金、共済年金の種類があります
まず1階にあたるのが国民年金 受給時に老齢基礎年金と呼ばれます こちらはどんな働き方の人でも加入が義務付けられています
私はフリーだからこの1階部分だけなのね

※詳しくはP21を参照。

※消費税が10％時に10年に短縮される可能性あり。

先生、年金ってだいたいいくらもらえるもんなんですか?
老齢基礎年金は比較的出しやすいのですが老齢厚生年金は平均年収や賞与の計算がかなり複雑よおおまかな計算式はこれです
会社員の、のぞみさんを例にしてみますね
老齢基礎年金:1万9500円×保険料納期間=年金額/年
(上限40年)
年金支給額 約78万円を40で割った数字
老齢厚生年金:平成15年3月までの
平均年収 万円× 加入期間 年×0.007125=A
※1 ※2
平成15年4月以降
平均年収 万円× 加入期間 年×0.005481=B
※3
A+B=老齢厚生年金額
働き始めてからの平成15年3月※までの期間と平均年収を教えてくれる?
平均年収230万円くらいで加入期間は4年かな
老齢基礎年金
1万9500円×40年=78万円
老齢厚生年金 平成15年3月までの平均年収
230万円×4年×0.007125=6万5550円
平成15年4月以降の平均年収
280万円×34年×0.005481=52万1791円
老齢厚生年金=6万5550円+52万1791円
=58万7341円
老齢基礎年金 78万円+
老齢厚生年金 58万7341円=136万7341円/年

※のぞみは平成15年4月以降、平均年収:280万円で60歳まで34年間働くものとする。

※いくよの会社勤めは平成15年3月以前の話。

私、35歳のときはいつもの年と違った形式でしたが…
なんか大きい封筒で
35歳と45歳 59歳の誕生月には加入履歴や変更履歴の詳しい記録も掲載されるのでしっかり確認しましょうね
他の年は？どこを見ておくといいの？
これまでの加入期間や現時点で受け取れる金額を確認しておくといいわね
エヘー♪
帰ってちゃんと見ま〜す
でも先生 実は年金保険料払わず貯蓄に回したほうがよかったりしませんか？
国民年金支給の財源には保険料だけでなく、私たちの税金も投入されているのよ
カチャ

マジ!?
カチャ
年金保険料を払わず年金を受け取らないと税金分損なんですよ
払う払う
払いま〜す!!
万が一障害を負ったら国から障害年金がもらえる制度などもありますから何かと不安な老後の支えになりますよ
まぁ〜いい香り♥
う〜ん、なるほど…
そうだったんだ〜
うまっ!!
くいっ
くいっ
おかげさまで年金のモヤモヤが解消してきました!!
深いけどあと味スッキリ!まるでこのコーヒーみたいよマスター!!
ぐっ

STEP 1

知っておきたい! 年金の基礎知識

まずは年金の制度のしくみを整理しましょう。自分がどの
制度を利用しているかで、将来もらえる年金の受給額が違います。
受給開始年齢など基本的なことを押さえましょう。

老後の収入の基本になる年金のシステムを押さえよう

日本年金制度は、「国民年金」「厚生年金」「共済年金」の3種類あり、働き方によって加入する制度が異なります。また3階建ての建物に例えられて、その1階部分の国民年金は20歳以上60歳未満の国民が原則として加入し、25年以上加入すると65歳から老齢基礎年金として受け取れます。

2階・3階部分は働き方によって年金制度が異なる

2階部分は会社員や公務員の人はそれぞれ厚生年金、共済年金が上乗せされ、3階部分は企業年金や職域加算など企業や共済年金が設けた制度があればより多くの年金を受け取れます。自営業の人は2階部分がないため国民年金基金、付加年金などに加入して自力で積み上げる方法があります。

年金制度は3種類

共済年金

厚生年金と同じく給与から天引きされ、保険料の総額の半分は所属する団体などが負担してくれる。2015年10月から厚生年金に統合される予定。

厚生年金

保険料は給与から天引きされるが、総額の半分は勤務先が負担してくれる。勤めていた期間とその間の給与によって年金支給額は異なる。長く勤めて給与が高いと年金も増える。

国民年金

1カ月当たりの保険料は1万5590円。加入期間は最長40年。受け取る金額は加入期間によって決まる。25年以上加入を条件に65歳から老齢基礎年金として受け取れる。

受給資格期間

年金に25年以上加入して保険料を納付している

※消費税が10%になると受給資格期間は10年間に短縮される予定。

国民年金がもらえる年齢

65歳

※今後引き上げられる可能性があり。

公的年金から受けられる年金の種類

[遺族年金]

被保険者が死亡したときに遺族が受け取れる年金。制度によって18歳未満の子どもがいる場合など条件がある。

[障害年金]

病気やケガで障害を負った場合、国民年金からは「障害基礎年金」、厚生年金からは「障害厚生年金」「障害手当金」などが支給される。

[老齢年金]

国民年金からは「老齢基礎年金」、厚生年金から「老齢厚生年金」、共済年金からは「退職共済年金」が支給される。

※どの年金も公的年金制度に25年以上加入していないともらえない。

年金のしくみ

日本の年金制度は3階建ての建物に例えられます。働き方によって階数や加入する制度が違います。また制度は変わりやすいので、きちんとチェックしておきましょう。

3階

勤務先に制度があれば加入

企業年金など

職域年金
（職域加算）

2015年10月から年金払い・退職給付制度に変更

2階

年金を増やしたい人が希望すれば加入できる

国民年金基金
確定拠出年金
（個人型）
付加年金

厚生年金
（老齢厚生年金）

共済年金
（退職共済年金）

2015年10月より共済年金は厚生年金に一元化される

1階

国民年金（老齢基礎年金）

第1号被保険者

自営業者
短時間のパートなど

加入は原則として20歳以上60歳未満。国民年金保険料は1カ月あたり1万5590円。6カ月、1年などまとめて前払いすると割引が適用される。また保険料を納めるのが困難な人には免除制度も。

第2号被保険者

会社員　　公務員

加入は70歳まで。保険料は報酬の額に保険料率（17.474%）※をかけて算出。勤務先と折半して支払い、給与や賞与から天引きされる。

※平成27年8月まで

第3号被保険者

専業主婦（夫）
（会社員、公務員の被扶養配偶者）

加入は60歳まで。保険料は第2被保険者が加入する年金制度で負担しているので支払わなくてもいい。

受け取れる年金

第1号被保険者	第2号被保険者（会社員）	第2号被保険者（公務員）	第3号被保険者
老齢基礎年金 + （自力で積み上げた場合） 国民年金基金や付加年金	老齢基礎年金 + 老齢厚生年金 + （制度がある場合） 企業年金	老齢基礎年金 + 退職共済年金 + 職域加算 （2015年より制度が変更）	老齢基礎年金

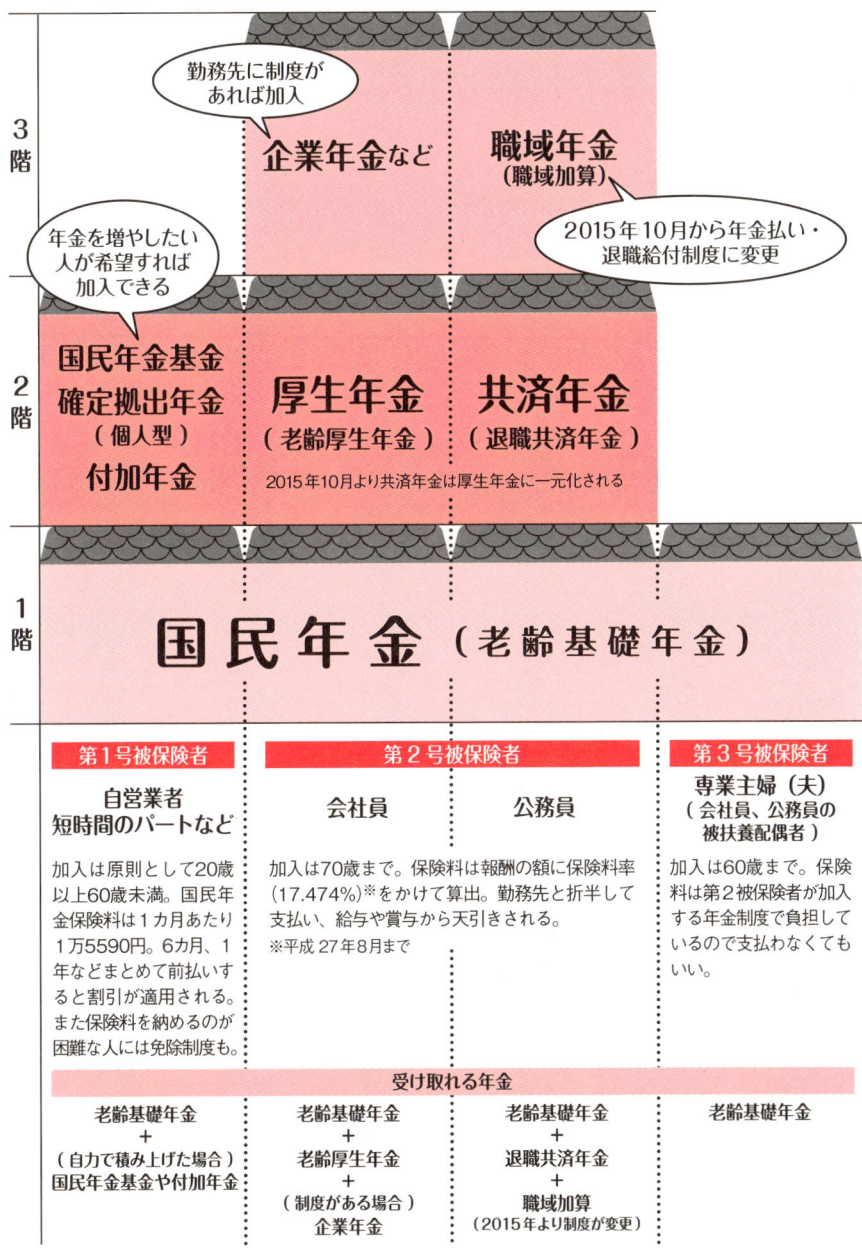

STEP 2

定期的にチェック！ もらえる年金額

老後の生活のために必要な年金はいくらぐらいもらえるのか気になるところ。ねんきん定期便でチェックしつつ、シミュレーションの計算を参考に老後資金の計画を立てて。

ねんきん定期便やねんきんネットで見込み額をチェック

年金の受け取り金額を知るには毎年、誕生月に日本年金機構から送られる「ねんきん定期便」でチェックを。ただし50歳未満まではその時点での払い込みに応じた金額が記載されているのみなので、詳しく知りたい場合は「ねんきんネット」にアクセスして、加入記録の詳細や年金見込み金額を確認してみましょう。

もらえる年金額の確認方法

- ねんきん定期便
- ねんきんネット

ねんきん定期便とは

年金の受け取り見込み額を確認
年齢ごとに記載が変わる

毎年誕生月に日本年金機構から送られる年金についてのお知らせ。主にそれまで払い込んだ年金総額や現時点での受け取り見込み金額がわかる。年齢によって記載内容が異なり50歳以上の人にはこのまま60歳まで払い込んだ場合の受け取り見込み額が記載される。

Point 1

35歳・45歳・59歳の誕生月には加入履歴や変更履歴など、詳しい記録が記載されたねんきん定期便が封書で届く（50歳未満の他の年はハガキで届く）。

Point 2

ねんきん定期便は見た後、捨てずに取っておくこと。未納の心配や不明点があった場合に年金事務所や役所への問い合わせがスムーズになる。

ねんきんネットとは

日本年金機構
「ねんきんネット」サービス

http://www.nenkin.go.jp/n/www/index.html

年金見込み金額の試算や
各種届け出書の作成もできる

パソコンやスマホからでもアクセスでき、年金の見込み額の試算や国民年金を口座振り替えで納めたいときの届け出の作成などができる。ユーザーIDの取得が必要だが、ねんきん定期便に記載されているアクセスキーと基礎年金番号、メールアドレスがあれば取得できる。

使い方

① **ねんきん定期便のアクセスキーを確認する**

アクセスキーはねんきん定期便の裏面。基礎年金番号は年金手帳に記載されている。

↓

② **ねんきんネットにアクセスする**

手順に従い、アクセスキーと基礎年金番号を入力。メールアドレスなどを登録する。

↓

③ **ユーザーID登録完了**
ログインして確認できる

登録したメールアドレスにユーザーIDの確認のメールが送られるのでパスワードを設定。

だいたいでいいから知りたい！

やってみよう！ 年金額計算

50歳以上になる前に、だいたいでいいからもらえる年金額を知りたいという人は、こちらの計算方法でシミュレーションしてみて。ただし、あくまでおおよその金額です。

★自営業の人の場合

老齢基礎年金

1万9500円 ×［保険料納付期間　　］年 ＝［老齢基礎年金額＝もらえる年金額　　］円/年

（年金支給額約78万円を40年で割った数字）

（上限40年）

★会社員・公務員の人の場合

老齢基礎年金

1万9500円 ×［保険料納付期間　　］年 ＝［老齢基礎年金額　　Ⓐ］円/年

（年金支給額約78万円を40年で割った数字）

（上限40年）

老齢厚生年金

注：ここでは物価上昇率などは考慮をしていません。
概算の金額がでます。

<平成15年3月まで>

［平均年収　　］万円 ×［加入期間　　］年 × 0.007125 ＝［　　Ⓑ］円/年

ボーナスを除いた平均年収

平成15年3月までの加入期間

<平成15年4月以降>

［平均年収　　］万円 ×［加入期間　　］年 × 0.005481 ＝［　　Ⓒ］円/年

ボーナスを除いた平均年収

平成15年4月以降の加入期間

［　　Ⓑ］円 ＋［　　Ⓒ］円 ＝［老齢厚生年金年額　　Ⓓ］

［　　Ⓐ］円 ＋［　　Ⓓ］円 ＝［もらえる年金額　　］

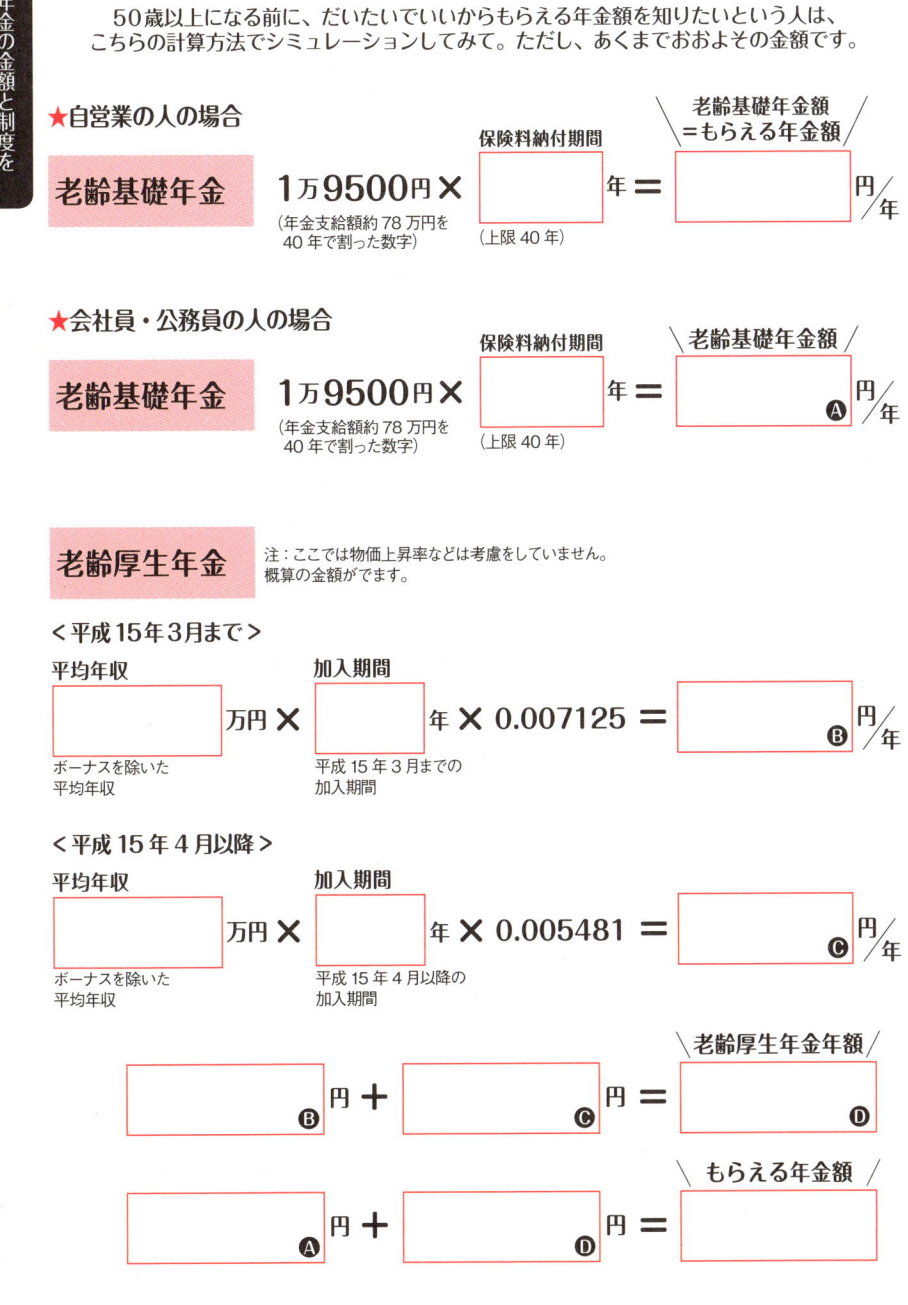

50歳未満のねんきん定期便

50歳未満の人のねんきん定期便はそれまで納付した年金保険料の総額と
現時点での納付額に応じた受け取り見込み金額が記載されています。

ここをチェック

❶ これまでの加入期間

加入履歴がわかります。国民年金は20歳から、厚生年金・共済年金は就職してからの期間に。保険料の払い忘れがないかをチェック。

❷ 受け取れる年金額

納付期間に応じた現時点での受け取り見込み額を確認できます。若いと年金加入期間が短いので、受給額を少なく感じるかもしれませんが、今後も納付を続けることで増えていきます。

ねんきん定期便

この「ねんきん定期便」は、平成　年　月　日時点の年金加入記録に基づき作成しています。
なお、下記の内容には、国民年金保険料を前納した期間も含まれます。

照会番号	

（お問い合わせの際は、この番号をお知らせください。）

1. これまでの年金加入期間（共済組合の加入期間は含まれていませんので、各共済組合にお問い合わせください。）

国民年金			厚生年金保険	船員保険	年金加入期間　合計（未納月数を除く）
第1号被保険者（未納月数を除く）	第3号被保険者	国民年金　計（未納月数を除く）			
月	月	月	月	月	月

※老齢年金の受け取りには、原則として300月以上の年金加入期間（未納期間および同月内での重複加入期間を除く）が必要です。

2. これまでの加入実績に応じた年金額

（1）これまでの加入実績に応じた老齢基礎年金額	（年額）　円
（2）これまでの加入実績に応じた老齢厚生年金額	（年額）　円
これまでの加入実績に応じた老齢年金額〔（1）＋（2）〕	（年額）　円

※老齢厚生年金額には、厚生年金基金から支給される額（代行部分のみ）も含まれています。
※年金額が表示されていない場合は、期間が重複している年金加入記録がある場合などですので、お近くの年金事務所にお問い合わせください。

・上記の年金額は、今後の加入実績によって増加します。
（60歳まで加入した場合などの年金見込額は、「ねんきんネット」で試算できます。）

（参考）これまでの保険料納付額

（1）国民年金（第1号被保険者期間の保険料納付額）	（累計額）　円
（2）厚生年金保険（厚生年金保険被保険者期間の保険料納付額）	（累計額）　円
これまでの保険料納付額〔（1）＋（2）〕	（累計額）　円

※国民年金の保険料納付額は、加入期間当時の保険料額を使い、付加保険料は含め、前納は割引額を控除し、追納は加算額を加算して計算しています。
※厚生年金保険の保険料納付額は、加入期間当時の標準報酬（月）額を基に、当時の保険料率を使い、以下の前提で計算しています。
・被保険者と事業主が折半して負担していますが、ここでは、被保険者本人が負担した額について計算しています。
・厚生年金基金加入期間は、免除保険料（事業主が厚生年金基金に納付する保険料額）を除いて計算しています。
（裏面「最近の月別状況です」の保険料納付額も同様に計算しています。）

※このマークは、音声コードです。目の不自由な方には、お一人おひとりの年金加入記録に関する情報を音声で聞くことができます。

さらに詳しくご自身の年金加入記録をご確認いただく場合は、「ねんきんネット」（裏面参照）をご利用ください。

※日本年金機構ホームページより

50歳以上のねんきん定期便

50歳以上になるとこれまで加入してきた期間と納付してきた保険料から
年金の受け取り見込み金が記載されています。受給条件を満たしているか
年金の受けられる年齢など確認しておきましょう。

ここをチェック

❶ これまでの加入期間

年金加入期間の合計月数が記入されています。受給条件の300月以上あるかどうか確認を。条件に満たないと年金は受け取れません。

❷ 年金を受け取れる年齢を確認

自分が何歳から年金をもらえるか確認できます。

❸ 年金受け取り見込み額

現在の年金制度のまま、60歳まで加入し続けて収入が変化しないという仮定で計算された年金額が記載されています。

❹ これまでの保険料納付額

厚生年金の場合は被保険者の負担分のみ記載されていて、会社の負担分が記載されていません。

ねんきん定期便

この「ねんきん定期便」は、平成　　年　　月　　日時点の年金加入記録に基づき作成しています。
なお、下記の内容には、国民年金保険料を前納した期間も含まれます。

照会番号	

（お問い合わせの際は、この番号をお知らせください。）

1．これまでの年金加入期間（共済組合の加入期間は含まれていませんので、各共済組合にお問い合わせください。）

国民年金			厚生年金保険	船員保険	年金加入期間　合計（未納月数を除く）
第1号被保険者（未納月数を除く）	第3号被保険者	国民年金　計（未納月数を除く）			
月	月	月	月	月	月

※老齢年金の受け取りには、原則として３００月以上の年金加入期間（未納期間および同月内での重複加入期間を除く）が必要です。

2．老齢年金の見込額（ご自身の加入状況の変化や毎年の経済の動向など種々の要因により変化します。あくまで参考としてください。）

年金を受給できる年齢		歳～	歳～	歳～
年金の種類と年金額（1年間の受取見込額）	基礎年金			老齢基礎年金　円
	厚生年金	特別支給の老齢厚生年金	特別支給の老齢厚生年金	老齢厚生年金
		（報酬比例部分）　円	（報酬比例部分）　円	（報酬比例部分）　円
		円	（定額部分）　円	（経過的加算部分）　円
年金額（1年間の受取見込額）		円	円	円

※老齢年金の見込額は、現在の条件で６０歳まで加入したと仮定して計算しています。
※本来の支給開始年齢で受給した場合の見込額を表示しています。支給開始年齢を繰り上げて（繰り下げて）請求した場合、年金額は異なります。
※厚生年金基金から支給される額を除いて計算しています。
※老齢年金の見込額が表示されていない場合は、ご自身の年金加入期間のみでは３００月に達しない場合などですので、お近くの年金事務所にお問い合わせください。

（参考）これまでの保険料納付額

（1）国民年金（第1号被保険者期間の保険料納付額）	（累計額）　円
（2）厚生年金保険（厚生年金保険被保険者期間の保険料納付額）	（累計額）　円
これまでの保険料納付額【（1）＋（2）】	（累計額）　円

※国民年金の保険料納付額は、加入期間当時の保険料額を使い、付加保険料は含め、前納は割引額を控除し、追納は加算額を加算して計算しています。
※厚生年金保険の保険料納付額は、加入期間当時の標準報酬（月）額を基に、当時の保険料率を使い、以下の前提で計算しています。
・被保険者と事業主が折半して負担していますが、ここでは、被保険者本人が負担した額について計算しています。
・厚生年金基金加入期間は、免除保険料（事業主が厚生年金基金に納付する保険料額）を除いて計算しています。
（裏面「最近の月別状況です」の保険料納付額も同様に計算しています。）

※このマークは、音声コードです。目の不自由な方には、お一人おひとりの年金加入記録に関する情報を音声で聞くことができます。

さらに詳しくご自身の年金加入記録をご確認いただく場合は、「ねんきんネット」（裏面参照）をご利用ください。

※日本年金機構ホームページより

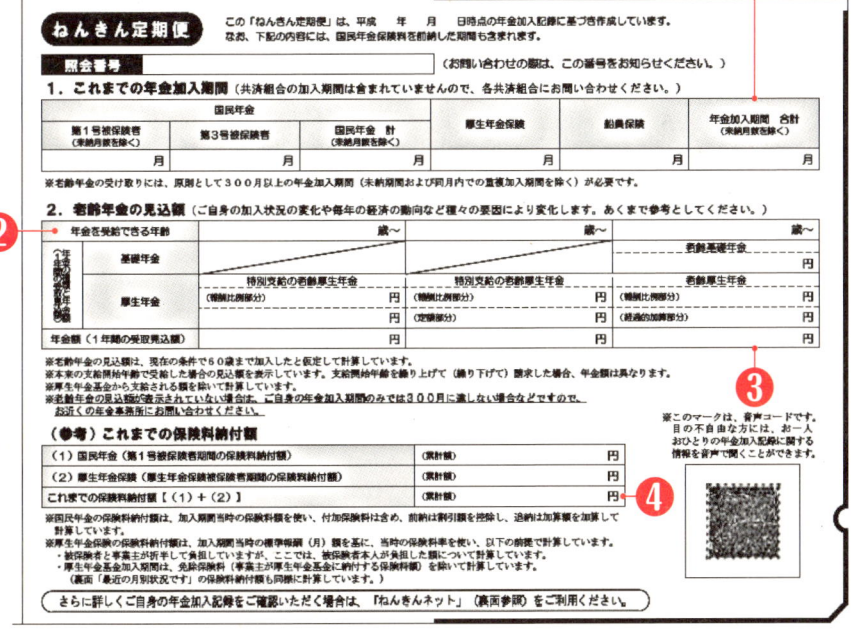

働き方によって変わる年金は増やせるの？

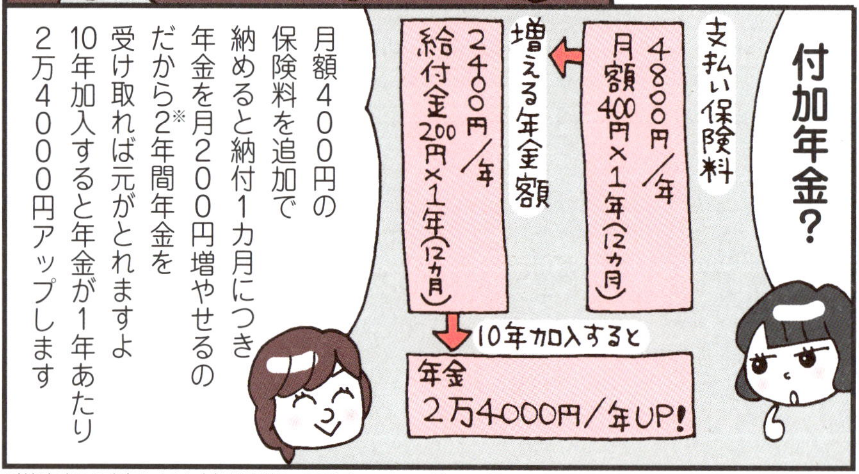

※付加年金に10年加入すると支払保険料は 4800円×10年＝4万8000円。
受け取り年金額は毎年２万4000円ずつ増えるので２年以上受け取れば元がとれることになる。

月額400円なら無理なくできそう♪
コーヒー一杯と同じ♥
ブレンド 400円
スコン!
余裕があれば国民年金基金（P30参照）へ加入してもいいですが、付加年金は脱退することになるので注意してね
会社員は企業年金なの?
ショリショリ
制度があれば利用しましょう 勤務先によって確定拠出年金のシステムを設けているところもあり 年金受給額を5~7万円ほど増やすことも可能ですよ
チャリ〜ン
もし会社に制度がなかったら?
ヴィ〜〜ン
他にも年金を増やす方法はないのかしら?

※年金がもらえない高齢者が大量に出てしまうことを避けるため、年金がもらいやすくなる方向の制度変更が検討されている。

お待たせしました マスター特製のフレッシュジュースです
すっ
45歳にして言うのもナンだけど
あ～ 政治や経済のこともチェックしないとダメだぁ～
そうよ、少子高齢化の影響で今後も年金制度は変更される可能性があるので日々のニュースには敏感になってくださいね
バラエティや深夜番組ばっかり見ている場合じゃないわね
ちう〜〜〜…
おいしい
新聞をどうぞ
さっ
自分の将来に関わると思ったらニュースが気になりだしたわ
ジュースも情報もやっぱりフレッシュが一番ね!!

受給額を底上げする 年金の増やし方

１階、２階部分の年金だけでは老後の生活は不安なもの。
年金はそのままでは増えないので底上げできる制度や
民間の保険会社の商品を利用して増やすことを検討して。

働き方によって変わる年金の増やし方

年金額を増やす方法は自営業と会社員・公務員では違います。会社員の人はすでに2階部分はあるので、さらに3階部分をプラスすることを考えましょう。「確定拠出年金」を会社が導入している場合は、加入することで年金を増やせます。ない場合は個人型確定拠出年金を利用することができます。自営業の人は付加年金や国民年金基金に加入すれば年金の底上げになります。

自営業の場合

［ 国民年金基金 ］

少ない掛け金で自由なプランが選べる。掛け金は全額所得控除で所得税や住民税が軽減される。加入後もライフスタイルに合わせて掛け金も増減できる。

［ 付加年金 ］

定額の保険料に月額400円プラスして納付すると納付1カ月につき年金を200円増やせる。国民年金基金に加入すると付加年金は脱退することになるので注意を。

付加年金の例

♣付加年金に５年間加入した場合

月額 400円納付

↓

年金額

年金1万2000円／年UP
(200円×60カ月)

公務員の場合

［ 職域加算を使う ］

公務員や私立学校教職員が加入している、共済年金独自の加算制度で企業年金に見合うものとして設置されている制度。2015年10月から年金払い退職給付となり、積立式の年金制度になる。

会社員の場合

［ 企業年金(確定拠出年金・企業型)を使う ］

企業の掛け金に従業員が上乗せして運用し、その損益が反映されたものが老後の受給額として支払われる年金。毎月の年金受給額を平均５～７万円ほど増やせる。勤務先によって金額や受け取り期間が違うので窓口に問い合わせを。

※個人型確定拠出年金は銀行などの窓口で相談を。掛け金は5000円から。

［ 財形年金貯蓄を使う ］

老後のために給与から天引きして積み立てる年金積立制度。60歳以降に年金として受け取れ、期間も５年以上20年以内で自由に選べる。財形住宅貯蓄と合わせて550万円までは利息が非課税になるメリットも。勤務先に制度があるなら是非利用したい。

どんな働き方の人も加入できる私的年金「個人年金保険」でまかなう

底上げしても受給額が少ない人は民間の保険会社が販売している「個人年金保険」でまかなう方法も。私的な年金なので自営業の人も会社員の人も利用できます。

個人年金保険の特徴

民間の保険会社が販売している金融商品。掛け金の額や払い込み期間、受給方法など自由に選ぶことができる。年金を受け取る期間を定める確定型と一生涯受け取れる終身型がある。

個人年金保険のしくみ例

確定型

♣10年確定年金の例

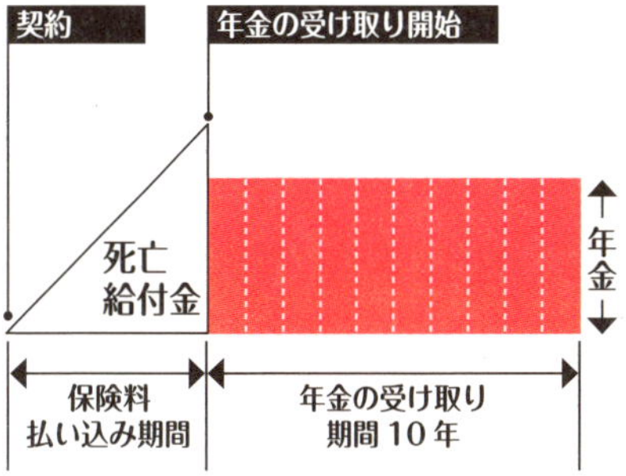

契約時に定めた期間、年金を受け取ることができる。仮に10年の受け取り期間中に死亡した場合は一時金として残額が支払われるか、残りの年数は遺族が年金を受け取れる。

メリット 終身型に比べて保険料は安い。あらかじめ受け取り年数や金額が決まっているのでライフプランが立てやすい。

デメリット 受け取り期間は5年、10年など一生涯ではない。

終身型

♣10年保証期間付終身年金の例

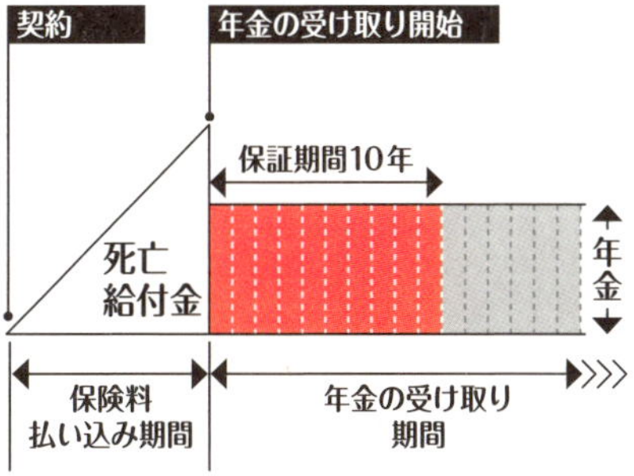

契約期間の間(例の場合は10年)は生死にかかわらず年金が受け取れる。それを過ぎた後は契約者本人が生きている限り年金を受け取ることができる。

メリット 生存している限りは年金を受け取れる。5年・10年・15年一定期間の保証期間がついたプランが多い。

デメリット 保険料が高い。平均寿命程度は生きないと損をする可能性がある。

STEP 2

ココが知りたい！ 年金Q&A

年金は受給年齢がきたらもらえるの？　もっと早く年金はもらえないの？など他にも知っておきたい年金のあれこれを紹介。今後も変更が多いのでまめにニュースを確認して。

Q1 失業中に年金保険料が払えない場合はどうしたらいい？

A 「納付免除」を申請すれば保険料の一部もしくは全額免除に

市区町村の年金窓口か年金事務所で「納付免除」の申請をしましょう。所得によって、保険料の一部納付（3／4、半額、1／4）か全額免除になります。申請せず未納状態が続くと加入期間として認められないので注意を。

Q2 払っていない保険料は後からでも納められる？

A 10年前の分までさかのぼって後から払うことができる

転職の前後や失業期間中などで払い忘れた保険料は市区町村の年金窓口か年金事務所で申請すればさかのぼって納めることができる「後納制度」を活用しましょう。ねんきん定期便で未加入期間がないか確認して。

Q3 受給開始年齢引き上げってどういうこと？

A 今の40代以下の世代は65歳からが受給開始年齢に

以前は60歳からが年金の受給開始年齢でしたが、現在は40代以下の世代は原則65歳に引き上げられました。原因の一つは少子高齢化で年金を支える若い世代の人口が少ないから。今後さらに引き上げられる可能性も。

Q4 年金手帳が手元に見当たらないのですが…

A 基礎年金番号がわかればなくても受給の手続きはできる

年金手帳には基礎年金番号が記載されています。年金を受給するために必要ですが、ねんきん定期便に記載された照会番号がわかれば問い合わせ可能。会社員の人は年金手帳を勤務先が預かっていることもあります。

Q5 年金の繰り上げ受給はできるの？

A 繰り上げ受給はできるがもらえる年金は減額される

65歳以前に受給したい場合、申請すれば年齢を繰り上げてもらうことはできます。ただし年金を受け取る年齢に応じて１カ月分の給付金は減額されます。その減額率は生涯変わらないので長生きすると損をすることに。

繰り上げする	繰り上げしない
♣支給開始　60歳	♣支給開始　65歳
♣もらえる年金 54万6070円／年	♣もらえる年金 78万100円／年

1ヶ月あたり0.5%ダウンに

Q6 将来、年金額が減ることはあるの？

A 将来的に物価の上昇などに伴い年金額を少なく感じることに

少子高齢化により、年金制度を支える若い世代が少ないため苦しいのが現状です。大幅に少なくなるというより、以前は物価上昇に伴い年金も増えましたが、今後はそれほど増えないので少なく感じてしまうことに。

Q7 年金をもらう手続きは？

A 自ら申請しないともらえない必要な書類を用意して申請を

65歳になったからといって自動的に年金がもらえるわけではありません。受給開始年齢になる３カ月前に年金請求書が届くので年金保険事務所に必要な書類と共に提出することで年金受給の手続きとなります。

受給の手続きスケジュール

〈年金受給給開始年齢になる３カ月前〉

日本年金機構から老齢年金の年金提出書が届く

↓

年金事務所に年金請求書と戸籍謄本、戸籍抄本、住民票などのいずれか、印鑑、受取先の金融機関の通帳などを持って行って提出する

↓

年金請求書提出後、2カ月程度で年金証明書が届く

↓

到着後　1～2カ月程度に指定した口座に年金が振り込まれる

書き込みシート

自分が加入している年金、チェックすべきポイントをここでまとめましょう。
今後制度の変更もあるので、社会の動向も確認しておきましょう。

● もらえる年金の金額

★自営業の人の場合

老齢基礎年金　1万9500円 ×（保険料納付期間）［　　　］年 ＝（老齢基礎年金額＝もらえる年金額）［　　　］円/年

（年金支給額約78万円を40年で割った数字）

（上限40年）

★会社員・公務員の人の場合

老齢基礎年金　1万9500円 ×（保険料納付期間）［　　　］年 ＝（老齢基礎年金額）［　　　Ⓐ］円/年

（年金支給額約78万円を40年で割った数字）

（上限40年）

老齢厚生年金　＝［　　　Ⓑ］円/年

※計算方法はP23を参照ください。

［　　　Ⓐ］円 ＋［　　　Ⓑ］円 ＝（もらえる年金額）［　　　］円

● 受給の手続きスケジュール

〈年金受給開始年齢になる3カ月前〉

日本年金機構から老齢年金の年金提出書が届く

↓

年金事務所に年金請求書と戸籍謄本、戸籍抄本、住民票などのいずれか、印鑑、受取先の金融機関の通帳などを持って行って手続きする

↓

年金請求書提出後、2カ月程度で年金証明書が届く

↓

到着後　1～2カ月程度に
指定した口座に年金が振り込まれる

もらえる年金を把握！

● 自分が加入している年金 ※60歳まで働くとしてそれぞれの年金の加入期間を計算してみましょう。

1階部分：国民年金

加入時期（　　　　　　　　　）

加入期間（　　　　　　　　　）

2階部分：加入している年金（　　　　　　　　　　　）

加入時期（　　　　　　　　　）

加入期間（　　　　　　　　　）

3階部分：加入している年金（　　　　　　　　　　　）

加入時期（　　　　　　　　　）

加入期間（　　　　　　　　　）

● ねんきん定期便

・毎年誕生月に日本年金機構から届く
・35歳、45歳、59歳の誕生月には加入履歴や変更履歴など詳細な記録が掲載されたものが届く

☑ 50歳未満のチェックポイント

- □ これまでの加入期間
- □ 現時点で受け取れる年金額

☑ 50歳以上のチェックポイント

- □ これまでの加入期間
- □ 受給の条件を満たすか
- □ 年金を受け取れる年齢を確認
- □ 年金受け取り見込み額

他にもある

知っておきたい！ 年金の用語

少子高齢化を背景に年金制度は抜本的な見直しが必要となり、
改正や変更が頻繁に行われています。老後資金を考える上でも
大切な年金なので、きちんとチェックしておきましょう。

マクロ経済スライド

本来の年金支給額は、物価などに連動して、上下するしくみになっています。ですが、物価が上がったときに、上昇分をそのまま受給額に上乗せしてしまうと、もともと厳しい年金財政がもたなくなってしまう可能性があります。年金受給者の増加や平均寿命の延びなどを考慮して、年金額の上昇を抑える役目をするのがマクロ経済スライドです。

★物価が上昇したとき

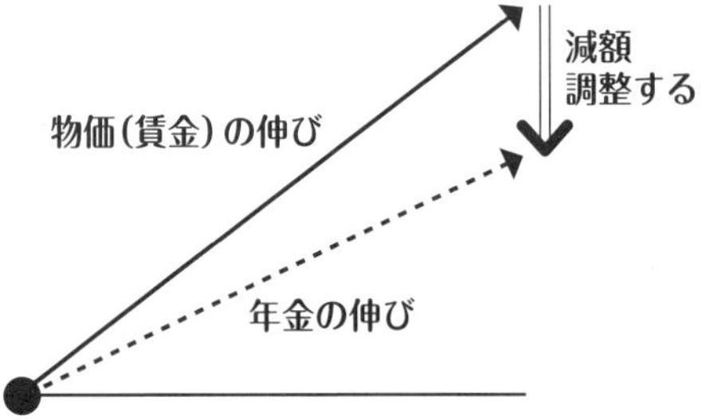

カラ期間

正式には「合算対象期間」。学生や海外居住などで年金に加入していない時期のことです。年金の受給資格期間に入りますが、年金受給額を計算するための保険料納付期間には反映されないので注意を。ねんきん定期便でチェックしましょう。

繰り下げ受給

繰り上げ受給があるように最長で５年、66歳から１カ月単位で受給開始を遅らせることもできます。１カ月につきに支給額が0.7％増額されます。70歳から受給することになると年間110万7700円となり、65歳から受給にするときに比べて42％増額されます。一度繰り上げ繰り下げの請求をすると取り消しできないので、自分の寿命を考えて選択を。

繰り下げする	繰り下げしない
支給開始　70 歳	支給開始　65 歳
もらえる年金 110万7700円/年	もらえる年金 78万100円/年

42％アップ

おひとりさまの老後のお金と暮らしの本

第2章 家の購入プランと家計・貯蓄を把握しよう

持ち家? 賃貸? 実家に住む?

住まい選びはどうする?

でも、私
家賃だけでも
10万円以上するのに
どうしたら
いいの?
うるうる
そうなんですよ
わっ!!
先生
いつのまに?!
老後の生活費のやりくりで
一番のポイントは
住居費の問題です
ん〜
しあわせ♡
ちょっと〜
私たちもケーキ
たのむ?
老後の住居費は
どれくらいなのか?で
老後に必要な資金
も変わりますね
先生、私
今は賃貸
ですが
家を購入
したほうが
いいの
かしら?

賃貸、購入どちらがいいかは一概には言えないし老後なら他の選択肢もあるわ
他って?!
例えばこんな感じ
ずっと賃貸に住み続ける
今から家を購入して住み続ける
退職金で少し安めの物件を購入する
実家に住む
老後はケアハウスなど高齢者用の住まいに入居する
何これ、新しい人生ゲーム?
おー―っ
こんなに選択肢が～♡

そうかー実家に戻るという手もあったわ!
ボロいけどぜいたく言ってらんない
マンションは買ったけどずっと住み続けるのは不安だからケアハウスに興味ある～
ケアハウスについてはP166で説明しますね
実家に住むなら家賃負担は軽くなりますが
築30年
ボロ
うわっ
父
バチ
バチ
相続
修繕費や家の相続の問題などが出てきますね
う～ん～
どうしたらいいんだろう
しっかりしろー
ふら～
住まいは損得で選ぶのではなく
自分にとって満足度が高いかどうかで選んだ方がいいわね

持ち家だとローンを払い終えれば楽だけどなかなか引っ越しにくいというデメリットがあるもんね
隣にマンションが建って日当たりが悪くなっても…
ガーン
歳とって坂の上のマンションがキツくなっても…
ゼェハァ
上の人がうるさくても…
ガン
ガン
イラ…
ちっ
何やってんだよ…
そういうことよ賃貸の人は老後資金は持ち家の人より多く必要ですがスタイルに合わせて住み替えしやすいなどのメリットがありますね
いずれにせよ**老後は働いていたときより住居費を抑えないといけない**のがポイントよ
は〜い!
お疲れさまですこれ試作品ですがマスター特製のハウス型のケーキを召し上がれ
イエ〜〜イ♡
かわいい〜〜♪
家だけに

STEP 1

今から考えたい！
老後を見据えた住まい選び

老後の資金、暮らしを考えるにあたって重要なのが老後の住まい。住居費は家計における比重が高いので、目指すライフスタイルに合わせて検討を。

老後の住まいの選択肢

❶ずっと賃貸に住み続ける

現在も老後も賃貸で住み続ける場合は家賃分の老後資金がかかることを覚悟しておきましょう。老後になると保証人が見つけにくい場合もあるので住み替えるときは注意を。

❷今から家を購入して住み続ける

バリアフリーになっている、病院やスーパーに近いなど、老後の生活のこと考慮した家を購入しましょう。ローンは繰り上げ返済して早めに完済できるようにして。

❸退職時に退職金で少し安めの物件を購入する

会社員の人は退職金内で購入できる少し安めの物件を手に入れると老後の資金を圧迫することなく生活できます。ローンは組まずに即金で購入するのがポイント。

❹実家に住む

実家がそのまま住める状態なら、住まいの費用はかけずに済みます。ただしリフォーム代や修繕費がかかる場合や親との同居の場合は介護の問題が発生する場合も。

❺老後はケアハウスなど高齢者用の住宅に入居をする

60歳以上になると高齢者用の施設も選択できます。介護型もあるので、何かあったときにひとりだと不安な人におすすめ。老後費用やサービスは施設によって違います。

老後の資金の準備に大きく関わってくる住居費の問題

支給される年金で生活をしていく場合、一番の問題になってくるのが住居費。家を購入した人はローン返済の残り、賃貸の人は賃貸料がかかるので必要に応じた老後資金の準備を。

老後に目指すライフスタイルと資金計画を考えて

リタイアした後どんなライフスタイルを望むか、それが可能な資金が用意できるかなどで老後の住まいを選択して。購入や賃貸以外に、実家に住むという選択もあります。

購入と賃貸 どっちがいいの？

ライフスタイルと満足度や資金面を合わせて選択して

賃貸と購入ではリスクが異なるので、損得で比べても意味はありません。それぞれのメリット、デメリットを知った上で、どちらの満足度が高いか、ライフスタイルや資金面と合わせて考えましょう。

	購入	賃貸
メリット	★住宅ローンの支払いが終われば老後資金の目標金額を抑えられる ★持ち家の安心感、満足感が得られる ★自由にリフォームできる	★収入やライフスタイルに応じて住み替えられる ★住宅ローンに縛られない
デメリット	★長期の住宅ローンに縛られる ★引っ越しが簡単にできない	★老後資金を多めに準備しないといけない ★定年後も家賃代がかかる

賃貸のメリットはわかったけど持ち家もあきらめきれない…
魔法使いがこのケーキを本物の家にしてくれたらいいのになぁ～
慎重派ののぞみにしては珍しい発言
何それ シンデレラ気分かよ
そうね、頭金の金額によるけど
38歳なら老後にまで金銭的負担を引きずらずに購入できるギリギリの年齢だから気に入った物件があれば買ってもいいかもね
い・い・の!?
38歳でも遅すぎない？
住宅ローンの期間を短縮したりボーナスで返す額を増やすなどこまめに調整は必要だけど遅すぎることはないわね
ではまず**住宅を購入する費用について**説明しますね

まずは頭金ですよね
そう
住宅を購入するために必要な現金のことです
フッ
1500万円だったら
2割
300万
だいたい物件価格の2割くらいと言われています
例えば1500万円の物件なら300万円の頭金になりますね
頭金なしでもOK! とかチラシで見るけど…
頭金0円
ん～
それはあまりおすすめできないわね
ローン返済額が増えるから、逆に老後が大変よ
でも
頭金さえあればなんとかなるんでしょ?
甘い!!
ケーキが?
頭金以外でとりあえずはこの費用がいるわ
☆住宅取得にかかるもの
・仲介やローンの手数料
・登記費用など
☆住宅取得後にかかるもの
・住宅ローン
・固定資産税など
マンションなら…
・管理費
・修繕積立金など
ひえ～
魔法どころか現実見せられてる!!

いろんな費用がかかるんですね…
あわわ
そうよ～ローン審査とか登記のときに住民票や印鑑証明で地味～にお金かかりますから
ビビリマクレ
ビビリマクレ
そのコスプレやめてもらえます？
先生！私はいくらの物件なら買えるんですか？
～家購入費用の計算式～
住まいの価格＝頭金＋借りられる金額
ハイこれ家購入の計算式覚えておいてね～
急に学校
借りられる金額!?
ローン返済できる＝返せる金額ってことよ
そう！年に返済する金額が年収の20～25％くらいだと無理なく返せるわね

え〜っと 20%なら 56万っていう ことか……
280万だから
もっとざっくりした 計算式はこちら
購入できる物件＝年収×6倍
住宅ローン＝年収×5倍
カッツーン
目安に してね
私の場合 その方程式に 当てはめると…
購入できる物件
280万円×6倍 ＝1680万円
住宅ローン
280万円×5倍 ＝1400万円
カッ カッ
頭金を280万円 用意できれば理想的ね
よ〜し!! 次のボーナスで 貯蓄がんばるぞ!!
ムッシャ ムシャ
あれ!? のぞみ!! それは私の ケーキ!!
とりあえず カロリー 蓄えて みました♡
うわーん ケーキ返せ〜

STEP 2

ダンドリ＋お金のことを知ろう！ 住まい購入の基礎知識

今から住まいを購入する場合、物件選びの他に資金の計画、住宅ローンの選択などが大きなポイントに。基本的なダンドリと費用についてまずはチェック。

住まい購入のダンドリ

資金計画から始まり、物件探し、住宅ローンの選択、不動産登記など住まいの購入にはやることがいっぱい。きちんと整理して。

いつ頃住みたいかを考え計画的にスケジュールを

家の購入は普通の買い物とは違い、様々な契約が発生します。住宅ローンを利用する場合は審査に時間がかかることもあるので、住みたい時期に入居できるように計画を立てましょう。

マイホームのための資金の計画を立てる

住まい購入のための貯蓄は現在いくらあるか、住宅ローンを組むなら月の返済額はどれくらいなど資金をチェック。

↓

物件を探す

インターネットで情報を検索したり、不動産会社や住宅メーカーなどに足を運び、物件を検討。不動産フェアに参加するのもおすすめ。

↓

購入可能な金額・住宅ローンのことを調べる

貯蓄や現在の年収を元に購入可能な金額をまず確認。住宅ローンの種類や借りられる金額をシミュレーションしておく。

↙ ↘

ローンの流れ

住宅ローンを選ぶ

住宅ローンの種類や金利のタイプ、返済期間などにより金額は大きく変わるのでよく検討して。繰り上げ返済することも考えて。

↓

住宅ローン事前審査

（OKなら → 不動産売買契約を結ぶ）

↓

住宅ローン本審査申込み

所得の証明書類、印鑑証明や住民票の写しなど必要な書類を事前に確認しよう。これらを用意して住宅ローンの本審査に。

↓

融資の審査・決定

↓

住宅ローン契約

正式には「金銭消費貸借契約兼抵当権設定契約」。担保となる物件に抵当権の設定をする契約も同時に行う。

↓

融資実行

↓

確定申告など

所得が3000万円以下で10年以上のローンを組んだ人は住宅ローン控除が受けられるので初年度は確定申告しよう。

購入の流れ

購入する住宅を決定

中には抽選方式をとる新築物件もあるが、申し込みは先着順というケースが多いので購入を決めたら早めに連絡する。

↓

不動産売買契約を結ぶ

契約を結ぶと、キャンセルするのは難しいので、事前に契約書をよく読んでおこう。契約に必要な書類や実印なども事前に確認し用意。

↓

内覧チェック

契約図面通り、問題なく仕上がっているか施工の精度に問題ないかチェックしよう。気になる部分は遠慮せず指摘を。

↓

残金決済

↓

不動産登記する

司法書士によって不動産の所有権移転（新築の建物は所有権保存）が行われる。印鑑証明、戸籍謄本・抄本を用意して。

↓

引き渡し・入居

マイホーム購入にかかるお金を把握する

基本用語をチェック

【頭金】	住宅購入の際に現金で支払う自己資金のこと。物件の２割程度が目安と言われるが頭金が多いほどローンの借入額が少なくなる。
【住宅ローン】	宅地の取得や住宅の新築・購入などの目的のために、土地と家屋を担保として金融機関から資金を借りること。事前に審査が必要に。
【金利】	住宅ローンなどお金を借りる際、借入額に対して払う利息のこと。住宅ローンでは変動金利、固定金利などがあり、選ぶことができる。

購入時も購入後も費用がかかるので貯蓄を蓄えて

住まいの費用には購入時にかかるものと購入後にかかるものがあります。購入時に代表的なものは頭金。物件価格の1〜2割が現金で必要になります。購入後はローンの他に固定資産税などかかるので、その分の貯蓄や収入に問題ないかチェックを。

マイホームにかかるお金

購入時にかかるお金（現金）

購入時に現金で支払う頭金として物件価格の１〜２割が必要。他に、手続きや税金などの諸費用として物件価格の３〜５％程度、さらに引っ越しや家具購入費用などがかかる。

頭金 ＋ 購入時諸費用 ＋ 引っ越し費用、家具・家電の購入費用など

購入時諸費用：
- 手付金
- 印紙税
- 仲介手数料
- 登記費用
- 不動産取得税
- 固定資産税・都市計画税
- ローン借入費用
- 修繕積立基金（新築マンションを購入の場合）
- 水道負担金（一戸建て購入の場合、自治体によって金額が変わる）

＋

購入後にかかるお金（定期的に支払う）

毎月支払うローン返済（ボーナス併用の人は年２回の支払いも含む）以外に固定資産税が１年に数回、さらにマンションの場合は管理費など毎月発生するので、家計に組み込んで。

住宅ローン ＋ 固定資産税・都市計画税 ＋ 住宅の維持費（管理費、修繕費など）

＝ マイホームにかかるお金

買えるマイホームの値段を把握する

頭金＋住宅ローンの借り入れ金額で買える目安がわかる

買えるマイホームの金額は、頭金＋住宅ローンの借り入れ金額で決まる。貯金の中から頭金に回せる金額はいくらか、住宅ローンはいくらくらい借りられそうかシミュレーションを。

無理のない範囲で物件購入を考えよう

借りられる金額や年収や負担率によって違うので、だいたいの買える目安は年収の6倍、住宅ローンで借りられる金額は年収の5倍と考えておくと、無理なく物件を選べます。

買えるマイホームの目安

頭金 ＋ 借りられる金額（住宅ローン）

もしくは

物件価格 ＝ 年収×6倍

住宅ローン ＝ 年収×5倍

頭金 ＝ 手持ちの貯金 －（購入時諸費用 ＋ 生活予備費 ＋ 老後への貯蓄）

貯金を全て頭金にまわすのはNG。いざというときのための生活予備費、ローンの手数料など購入のための諸費用、老後への貯蓄分はきちんと確保しておこう。

頭金はいくらぐらい用意すべき？

物件価格の1～2割程度は用意すると安心

頭金が多いほど、その後のローン返済がラクだが、頭金を貯めるために費やす時間が長いと購入時期が遅くなりローンの返済終了時期を遅らせてしまう。1～2割程度を目安にして。

頭金を増やすなら

親から贈与を受けて頭金をアップすれば相続税対策にも

親や祖父母から住宅取得の援助を受けた場合、一定額までは贈与税がかからない。一般住宅の場合1000万円までOKなので、頭金を親から援助してもらう手もある。

負担率とは？

収入に対するローン返済額の割合のこと

負担率は、借りる人や物件によって制限がある。今後何十年にもわたって返していくので、毎月の返済額が家計の負担にならないよう借り過ぎに注意しよう。

借りられる金額（住宅ローン）＝返せる金額

いくら借りられるかだけでなく、いくら返せるかを考えることが大事。住宅ローンの年間返済額は、一般的には年収負担率25%以内がセーフティゾーンと言われている。

年収負担率　住宅ローンの借入可能額

下の表を参考に自分の年収と負担率から借りられる金額と総返済額を算出してみよう。

	年収負担率	年収 300万円	年収 400万円	年収 500万円	年収 600万円	年収 700万円
借りられる金額	20%	1500万円	2100万円	2510万円	3010万円	3520万円
	25%	1880万円	2510万円	3140万円	3770万円	4400万円
	30%	2260万円	3010万円	3770万円	4520万円	5280万円
総返済額	20%	約2087万円	約2796万円	約3492万円	約4188万円	約4897万円
	25%	約2126万円	約3492万円	約4369万円	約5245万円	約6122万円
	30%	約3144万円	約4188万円	約5245万円	約6289万円	約7346万円

（元利均等　固定金利2％　返済期間35年、月払いのみの場合）
※上段は収入による年収負担率別のローンの借入可能額。
下段は借入可能額いっぱいに借りた場合の総返済額。

返済期間は退職年齢までに設定するのが望ましいですが難しい場合は1年でも短い年数でローンを組み、その後、繰り上げ返済で返済期間を短くしましょう。

では次は住宅ローンね
一番苦手かも
ローンのことならローン返済まっただなか私におまかせあれ!!
まっただなか
まず住宅ローンには勤務先の財形住宅融資銀行などの民間融資
・財形住宅融資
・民間融資
・フラット35
住宅金融支援機構と民間金融機関が提携したフラット35の主に3つあります
フラット35はCMで聞いたことがあるかも
私は銀行で借りたから民間融資で〜す♪
【フラット35】
のぞみさん、勤務先で財形貯蓄を利用しているなら※財形住宅融資が利用できるわね
いろいろお得よ

※詳しくはP56を参照。

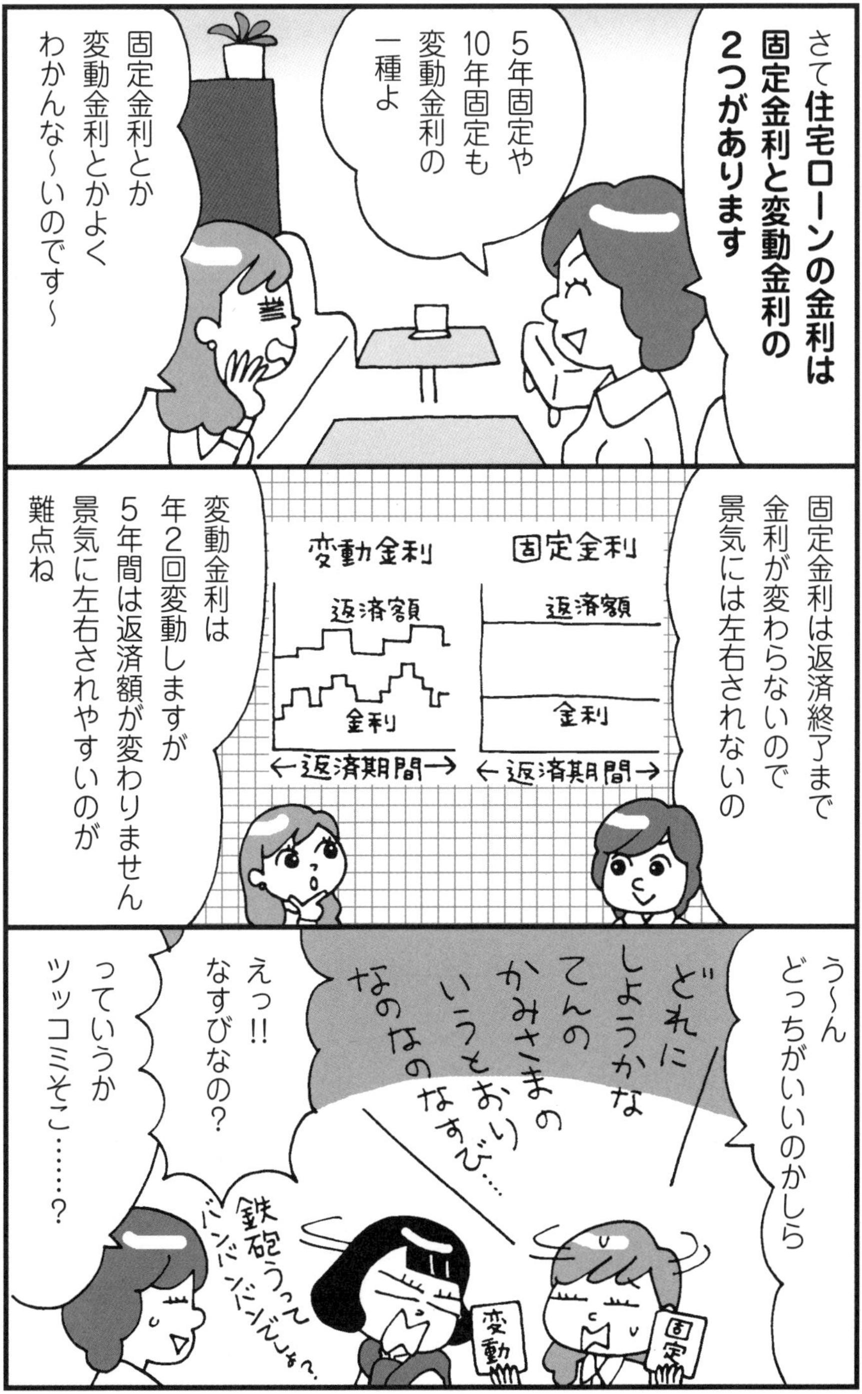
さて住宅ローンの金利は
固定金利と変動金利の
2つがあります
5年固定や
10年固定も
変動金利の
一種よ
固定金利とか
変動金利とかよく
わかんな～いのです～
固定金利は返済終了まで
金利が変わらないので
景気には左右されないの
固定金利
返済額
金利
←返済期間→
変動金利
返済額
金利
←返済期間→
変動金利は
年2回変動しますが
5年間は返済額が変わりません
景気に左右されやすいのが
難点ね
う～ん
どっちがいいのかしら
どれに
しようかな
てんの
かみさまの
いうとおり
なのなの
なすび……
えっ!!
なすびなの?
っていうか
ツッコミそこ……?
鉄砲うって
ドンドンドンでしょ?
変動
固定

今みたいに低金利が続くなら変動金利を検討したいわね
でも今後金利が高くなる可能性もあるので社会や経済情勢はチェックしたほうがいいわ
でたっ!! 社会や経済情勢
う～ん 簡単じゃないのね
ふたりにとって大切なのは住宅ローンをなるべく早く返済することよ
ハーイ
いくよさんローンあと何年?
んと
私は30歳で買って35年ローンなので、まだ20年も残ってんのよ
20年!? 長っ!!
完済
ゴールはまだかな～
まだ家買ってもいない人に言われたかないけどね!!

そうよ！私には退職金があるじゃない！
それで返済でいいじゃないですか!!
退職金をローン返済にあててしまうと、老後資金に余裕がなくなるので
本当は定年退職までに完済したほうがいいわね
そんなに早く返す自信ありませ〜ん
のろのろ
月々の返済額を増やしていったり、ボーナス時も頑張って返済に回すといいわね!!
なるほど支払利息がもったいないですもんね！
私もギャラが入っているうちに返済しちゃお〜!!
金利の変動もありますしこまめに返済残額をチェックしたり住宅ローンの相談窓口を積極的に活用したりするのもいいわね
よーし!! がんばるぞー!!

STEP 3

見直しが大切！
住宅ローンの基礎知識

住宅ローンは金利や返済方法、期間によって総返済額が異なります。自分の収入やライフプランに合わせて、じっくり選びましょう。

どこを利用するか 金利タイプや 返済期間を選ぶ

住宅ローンはどこで借りるか金利タイプは固定か変動か返済期間をどれくらいにするかなどにより総返済額が異なります。不動産販売会社の提携ローン会社だけでなく金融機関なども比較検討しましょう。

住宅ローン選びのポイント

- 種類を選ぶ
- 金利タイプを選ぶ
- 返済方法を選ぶ
- 返済期間を選ぶ

住宅ローンの種類を選ぶ

ライフプランや 条件に合わせて 住宅ローンを選ぶ

住宅ローンは大きく分けて民間融資、財形住宅融資、フラット35という3つの種類がある。それぞれ特徴があるので、内容をよく把握したうえで、自分に合った種類を選びましょう。

住宅ローンの種類

種類	特徴
民間融資	都市銀行、信託銀行、地方銀行、信用組合、生命保険会社、ノンバンクなどが融資している。変動金利型・固定金利型から選択する金融機関が多いが、固定金利型（段階金利型）のみというところも。退職金一括返済ローンなど、金融機関ごとに特色がある。
財形住宅融資	住宅金融支援機構や雇用・能力開発機構が、一般財形貯蓄、財形住宅貯蓄、財形年金貯蓄などを行う会社員、公務員を対象にした融資。勤務先で財形貯蓄を1年以上行い、残高が50万円以上ある人が利用できる。財形貯蓄の10倍、最高4000万円まで借り入れが可能。
フラット35	住宅金融支援機構と民間金融機関が提携した住宅ローン。15年以上35年以下の長期固定金利型で金利は民間金融機関が決める。民間金融機関によって金利や融資額が変わる。借入れ申し込み時の年齢が満70歳未満で収入などの条件をクリアすれば融資が受けられる。

金利タイプはどれを選べばいい？

金利タイプは主に3種類 返済額が変わる

金利のタイプは一長一短だが、住宅ローンの返済が始まっても貯蓄がきちんとできそうなら元金の返済が早く進む変動金利がおすすめ。借りるときの資金状態に合わせて選んで。

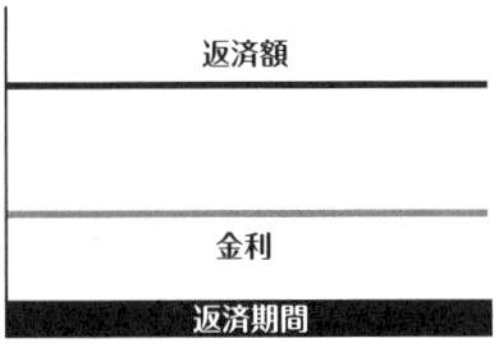

金利は変わらない

固定金利

住宅ローンを組んだときの金利がローン返済が終わるまでずっと続くタイプ。景気に左右されるリスクがない分、金利は高め。

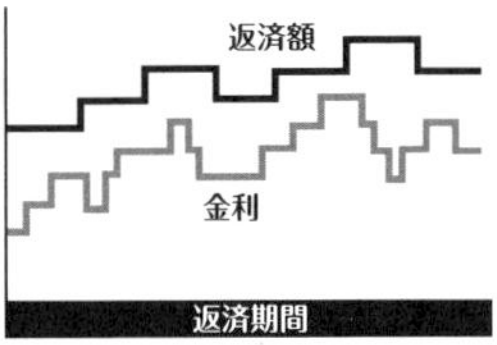

半年ごとに見直される

変動金利

返済期間中、市場金利の動向に合わせて１年に２回金利が見直される。市場金利が下がると返済額も下がるが、逆の場合は金利が上がって支払額がアップ。景気に左右されやすい。

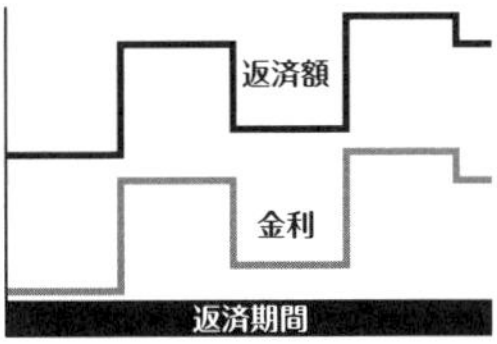

固定期間を選べる

固定金利期間選択型

３年、５年など一定期間の金利が固定され、その期間が終了した時点で、次の期間を固定金利にするか、変動金利にするか選べるので市場の情勢に合わせて変更できる。

返済方法を選ぶ

損得だけでなくライフプランに合わせて選ぶ

住宅ローンの返済方法は「元利均等返済」と「元金均等返済」の2通りある。総返済額が少ないのは「元金均等」だが、自分の貯蓄状況や家計とのバランスを考えて選びましょう。

最初の返済額が高い

元金均等返済

毎月支払う元金は一定だがそれに利息がプラスされるというもの。最初の頃の支払額が多くなる。元利均等返済に比べて元金の減り方が早く利息も少なくて済む。

毎月の返済額は一定

元利均等返済

元金と利息を合わせた毎月の支払額が一定になる返済方法。毎月一定の支払い金額なので返済計画が立てやすいが、利息分の支払いが多く元金がなかなか減らない。

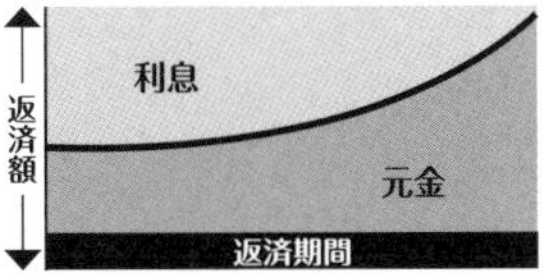

返済期間を選ぶ

返済期間も総返済額が大きく変わる要因

住宅ローンはなるべく退職時までに返済するプランを立てましょう。返済期間が長いほど毎月の返済額は少ないですが、支払い利息が膨らむので総返済額が増えます。

退職年齢 － 現在の年齢 ＝ 返済期間

STEP 4

老後に困らない！ ローンの見直し方法

定年退職後に住宅ローンが残っていたら、老後の生活のゆとりがなくなります。できるだけ早く返済できるように、こまめに繰り上げ返済しましょう。

住宅ローンは金利や条件を見直すように

住宅ローンは契約どおりただ返済するのではなく、金利タイプを見直したり、月々の返済額を増やして返済期間を短くするなど、できるだけ老後資金に余裕があるようにしましょう。

住宅ローンは退職金だけに頼らない返済を

会社員や公務員は退職金で完済する予定の人がいますが、老後資金のために退職金はあったほうが安心。現役時代は少しでも貯蓄が貯まったら繰り上げ返済することで、総返済額を減らし返済期間を短くできます。

金利タイプを見直す（住宅ローンの借り換え）

借りたときと比べ金利が変わってきたら見直しを

固定金利型を選んだのに金利が下がり続けていたり、変動金利型を選んだのに金利が上がり続けたりする場合は、金利の見直しをしてみる時期。目先の金利だけで判断せずよく考えて決断を。

押さえておきたい制度

【住宅ローン控除】

年末時点での住宅ローン残高の１％を10年間にわたって所得税から控除できる制度。平成26年4月からは※最高4000万円（長期優良住宅は500万円）までのローン残高の「１％」が10年間軽減される。

→控除限度は年間 40万円（長期優良住宅は 50万円）

★対象条件

住宅	新築購入、土地建物購入、増改築費用（土地のみの購入は適用外）
ローン	民間の金融機関や公庫でのローン（親族からの借金は対象外）
年収	控除を受ける年の所得の合計が3000万円以下
申請先	税務署もしくは職場での年末調整

【すまい給付金】

消費税率引き上げによる、住宅取得者の負担を緩和する制度。一定の年収以下の人が住宅ローンを利用して家を購入すると給付金がもらえる（50歳以上はローン不利用でも可）。消費税８％なら年収510万円が受給ラインで10・20・30万円のいずれかを受け取れる。消費税10％なら年収775万円が受給ラインで10・20・30・40・50万円のいずれかを受け取れる。工事代金にも充当できる。住宅に入居した後、必要な書類を提出して申請する。申請後、指定の口座に振り込まれる。

※一般住宅の場合は借入金等年末残高の限度額。

繰り上げ返済をする（住宅ローンの条件変更）

支払利息を減らし返済を早く進めるように

繰り上げ返済は毎月決められた返済とは別にお金を返してローンの残高を減らす方法で、元金を減らすとその分利息がカットできる。「返済期間短縮型」と「返済額軽減型」がある。利息を減らすためにより効果的なのが「返済期間短縮型」だが、自分の収入や貯蓄に合わせて選ぼう。

繰り上げ返済のタイプ

返済額軽減型

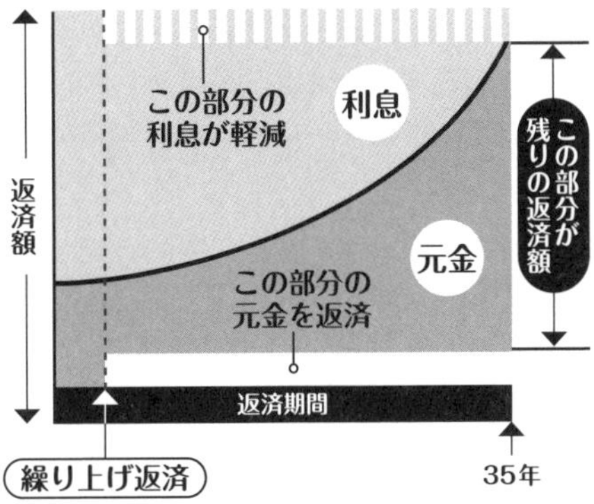

返済期間は最初と変わらずそのままで毎月返す額を少なくしていく方法。月々の返済額が減ることで家計への負担が軽くなる。

返済期間短縮型

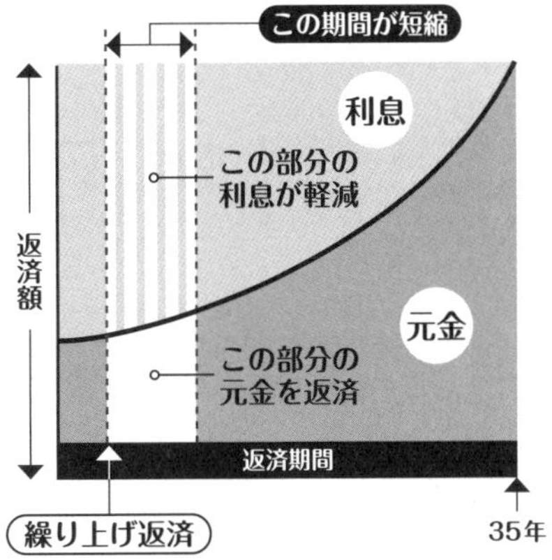

毎月返す金額は変わらないが、返済期間が短くなるため、その分利息が少なくなるという仕組み。返済額軽減型より利息の軽減効果は大きくなるのでこちらを選択する人が多い。

★2000万円を金利2%、返済期間35年で借りた場合

1年後	5年後
100万円 繰り上げ返済	100万円 繰り上げ返済
軽減する利息 93万円	軽減する利息約 78万円

約15万円の差が出る

支払い利息を節約するなら

繰り上げ返済は早く実行すれば効果が大きい

住宅ローンは借りてから時期をあけないほうが利息の割合が高いため、早めに実行するほうが効果的。まとめて300万円より100万円3回を繰り上げ返済したほうが有利です。

私、なんとかローンは返せそうだけどイラストの仕事がずっとあるかわからないし
貯蓄もねぇ!
仕事もねぇ!
いくよ
…
年金ちょっぴりキーツキツ!
オラ自営業いやだ〜!!
いくよ
7万
老後の生活費めちゃめちゃ心配
そういう人に注目されているのが
リバースモーゲージよ
なんですか?それ!
自治体や金融機関から自宅の土地や家を担保に老後の融資を受けられるの
最近はマンションを対象とする金融機関も出てきているわ
自宅に住みながらそれを担保にお金が借りられるのね?
担保
そのとおり!
不動産価格の下落や金利上昇で担保割れすることもあるからリスクもあるけど
亡くなった後は担保物件を処分して一括返済にあててくれるので家の処分に困らないのがメリット
家って本当に大きな財産ですね〜
だからこそ財産価値が大幅に下がるような物件は買ってはダメ!!
ちゃんと価値を見極めてね!
はーい!!

STEP 5

知っておきたい！ リバースモーゲージ基本情報

家は持っているけど、生活費が苦しく家を売ることになるかも……と不安な人に家を担保に融資が受けられる新しい制度に登場。チェックしましょう。

家を担保にして老後の融資を受け取れる制度

家に住みながら担保評価に基づいたお金を金融機関や自治体から借りることができます。融資金の返済は亡くなった後担保物件を処分して一括返済するか、相続人が代わりに一括返済します。

リバースモーゲージとは

欧米で普及したシステムで最近、日本でも徐々に契約者を増やしている。不動産を担保に老後の融資が受けられるシステム。戸建てだけでなく、マンションを対象とする金融商品もあるのでチェックを。

メリット	デメリット
★担保に入れた家に住みながら生活費を融資してもらえる	★不動産価格が下落すると借入残高が増えて、担保割れすることも
★生きている間は返済が免除される	★長生きした場合、借入限度額に達してしまい、融資がストップすることも
★家の処分に困らない	

リバースモーゲージのしくみ

金融機関の商品か、自治体（条件あり）で融資を受けられます。
不動産価格が下落すると担保割れのケースもあるので注意を。

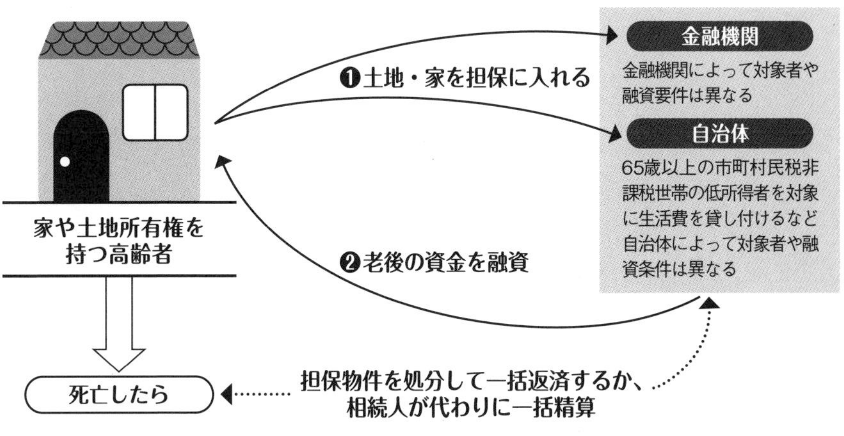
家や土地所有権を持つ高齢者
❶土地・家を担保に入れる
❷老後の資金を融資
金融機関
金融機関によって対象者や融資要件は異なる
自治体
65歳以上の市町村民税非課税世帯の低所得者を対象に生活費を貸し付けるなど自治体によって対象者や融資条件は異なる
死亡したら
担保物件を処分して一括返済するか、相続人が代わりに一括精算

費用の目安　管理方法

家計を把握しよう

んも～！家を買った人はやりくりして住宅ローンを早く返さなきゃって話だったでしょ！
そうでした…
しょぼん…
やりくりかあ～この際、今までのお金の使い方を振り返って老後に備えないとね
この財布もいいな～…
私、ついついゲームに夢中になってスマホ代けっこうかかちゃっているし
のぞみがスマホゲーマーなとこにジェネレーションギャップを感じるわ
ん～
AHAHA…
でもさ～家計簿とかムリだよね！つける気ないけど(笑)
ウフフ私も家計簿をつけるのは苦手なのよ～
私も買い物中だったのよ～
わっ!!
試着室から先生!?

先生、今まであまり気にせずお金使ってきちゃって…
エステに♡
旅行に
おいしいものに♡
そういう人は使うだけ使ったら老後はあまり物欲が湧かなくなるかもね
だったらいいのですが
でも一度どれくらい使っているか知っておくと老後資金も貯めやすいわ
それってどうしたらいいですか?
これいいわね!
1カ月でいいので、使ったお金を費用項目ごとにまとめてみて
私はレシートを取っています♡
そうだった!私も確定申告用に領収書とってあるんだった
おひとりさまだと例えば食費は15%、通信費は4~5%自由に使えるお金は10%かな詳しくはP67を参考にしてね
ガーン
私、だいだい月収25万円だから食費は3万5000円くらいに抑えないといけないのか~

老後を迎える前に自分の家計の傾向をつかんでおくと
年金だけで暮らしていくためにどこを節約していくか目安になるのよ
先生やっぱり家計簿はつけなきゃダメ？私…無理かも
右に同じ…
ずぼらな人には通帳管理がいいわ
半年ごとにすべての通帳の残高を足して、半年前の残高と比べると年間の貯蓄額がわかるのよ
○○BK
○○信金
あれ、私通帳管理ならできているかも
あの〜お客様…何かお探しですか？
はっ!! ええ…安定した老後を…
でもここにはないみたいです
現実から目をそむけずしっかり把握するのが大事ですね！
そのとおり！
さささー

STEP 1

現状を把握しよう！ 家計の管理方法

年金生活の心配の前にまずは自分の家計状態の把握を。毎月、どんな費用にどれくらいかけているか知ることで老後の資金計画や節約のポイントがわかります。

今のうちに家計を見直すことで年金生活が見通せる

おひとりさまだと収入のすべてが自分のために使えるお金。しかし、やみくもに使っていると年金生活になると苦しくなります。今のうちに毎月何にいくらかけているのか把握して家計の見直しを。赤字はできるだけ減らして。

家計管理が苦手なら半年ごとぐらいで収支のチェック

中には家計簿をつけるのが苦手という人も。そんな人は半年に一度すべての通帳を記帳して収支をチェックするなど、自分なりの方法で把握を。家計の流れがわかれば老後の計画も立てやすいです。

家計管理のためのお役立ち方法

家計管理の代表は家計簿ですが、お金の流れがわかるなら自分がやりやすい方法で把握するのが一番。ここでは代表的なやり方を紹介します。

使いすぎが気になる派

[袋分け管理]

食費、日用雑貨費など費用項目ごとに現金を袋に入れてそこから使うようにする。家計バランスを重視する人向き。

毎日チェックするなら

[レシート管理]

レシートを毎回きちんと保管して、日や週ごとにいくら使ったか管理する方法。費用項目で分けるのが面倒な人にはおすすめ。

コツコツ派なら

[家計簿]

家計を管理するといえば定番の家計簿。市販のいろいろなタイプやアプリなど利用しても。自分が管理しやすいものを選ぼう。

カード派なら

[クレジットカード管理]

支払いをほとんどカードにして、ポイントを貯めたい人向き。ただし使えるカードの枚数は制限して週に1回は使った費用の確認を。

面倒派なら

[通帳管理]

例えば、半年ごとにある1日を設定して家にある全ての通帳を記帳する。収支がわかり、貯蓄ができているかも確認できる。

おひとりさまの費目別家計バランスのポイント

まずは費用項目ごとにかかっているお金を記入してみましょう。
ポイント部分は費用項目の特徴を紹介しているので参考に。

1カ月当たりの金額を書き込んでね！

		ポイント	自分の金額
収入		税金や社会保険料を除いた手どりの収入を記入を。月ごとで変わる人は平均額を入れてみよう。	円
費目	住居費	費用の中で大きな割合を占める。収入が下がった場合はすぐに見直したい費用項目。住宅ローン返済額もここに記入を。	円
	食費	人によっては他の費用のため節約しがちだが、健康も大切なのでやりすぎに注意。外食が多い人はバランスを考えて。	円
	電気・ガス・水道代	季節によって変動する費用なので、平均を記入しよう。エコ家電などを導入して上手にやりくりするのがポイント。	円
	通信費	5～6％ぐらいまでに抑えるのが理想的。最近はお得なプランも多いので使い方を考えつつ節約する努力を。	円
	日用雑貨費	家事に使うものなど日常生活の備品。使用期限が長いのでまとめ買いなど工夫して。割高なコンビニなどでは買わないようにしたい。	円
	教養娯楽費	おひとりさまはいろいろ楽しみたいもの。何カ月分を貯めておいて一度に使うようにしてもいい。	円
	レジャー費	ちょっとしたおでかけなどはここに記入しよう。旅行費など何カ月分か貯めて使うようにしてもいい。	円
	被服費	ファッションへの関心の高さで変わる費用。女性は比較的費用がかかるので1カ月の費用を決めて管理しよう。	円
	医療費	健康な人はほぼかからないが、持病があって通院している場合は記入を。老後資金とも関係してくるので把握しておきたい。	円
	おこづかい	いわゆる自由に使えるお金。おひとりさまだとついつい使ってしまうので、あらかじめ金額を決めておくと無駄使いしない。	円
	交際費	季節によって（年末年始、歓送迎会など）流動することも。必要なお付き合いを無理なくこなすようにしたい。	円
	貯蓄	収入の10～15％を目安に貯蓄しよう。必ず先取り貯蓄を心掛けて切り崩さないように確実に貯めること。	円
	生命保険・損害保険料	3～5％くらいを目安にして。自動車保険などがある人は6～8％くらいまでに抑えるようにしよう。	円
	雑費	上記の項目に当てはまらない費用はここに記入を。プレゼント代や大型の家具家電製品の購入などはここに入れておく。	円
支出合計		全体を合計してみて、無理がある場合は割合を変えてバランスを。赤字になっていたら家計を見直すようにしよう。	円

収入の違いによって各項目にかけられる金額は変わってきますが、住居費は収入の3割、貯蓄は1～2割など目安はほぼ同じです。自分の収入と比べて参考にしましょう。

20万円	25万円	30万円
6万5000円	7万円	9万円
3万円	3万5000円	4万円
1万4000円	1万6000円	1万8000円
1万2000円	1万5000円	1万5000円
5000円	7000円	8000円
5000円	9000円	1万2000円
5000円	9000円	1万2000円
5000円	9000円	1万2000円
3000円	5000円	6000円
2万円	2万5000円	3万円
5000円	1万円	1万2000円
2万円	2万５０００円	3万円
8000円	1万円	1万円
3000円	5000円	5000円
20万円	25万円	30万円

おひとりさまの月収別家計バランスの目安

収入（手どり）		15万円	18万円
費目	住居費	5万円	6万円
	食費	3万円	3万円
	電気・ガス・水道代	1万円	1万2000円
	通信費	7000円	9000円
	日用雑貨費	5000円	5000円
	教養娯楽費	3000円	4000円
	レジャー費	3000円	4000円
	被服費	3000円	4000円
	医療費	3000円	3000円
	おこづかい	1万5000円	1万8000円
	交際費	3000円	4000円
	貯蓄	1万円	1万8000円
	生命保険・損害保険料	5000円	6000円
	雑費	3000円	3000円
支出合計		15万円	18万円

SUPER MARKET
これ、フランス製のチーズ
高いけどおいしいんだよね～
えっ 何? 200gで
2500円も
するんですか?
ぜいたく～!
フランス産
おすすめ
○○チーズ
200g
2500円
一度美食を味わって
しまってから粗食に
戻れると思う!?
戻らざるをえないですよ
今はいいけど
年金生活になったら
生活費を抑えないと
いけないんでしょうね～
ふふ♡
私もおいしい
ものは
大好きよ!
あっ!
先生も夕飯の
お買い物!?
にっこり
ご明察!

でもね、老後は
働いているときより
収入が減るので
食費
雑費
医療費
通信費
光熱費
もらえる年金額の中に
家計を収めていくように
しないといけないわね
働いているときに比べて
どれだけ節約していけば
いいの?
う〜ん…
う〜ん、厳しいこと言うと
今の支出の半分くらいかな
えっ!
5割減なんて無理〜〜!!
半額
50%OFF
50%OFF
50%OFF
65歳▷▷死ぬまで
せめて今の支出の
7割にしないと
貯蓄をどんどん切り崩す
ことになるわね

私、年金支給の見込み額が11万円ぐらいだし
カサ カサ
みかん
かなり貧しい生活になるのかしら？
確かに働いていたときよりは使えるお金は少ないけど費用バランスを考えて使えばそうでもないのよ
P76を見てね
ホッ
食費が2万5000円かまあこれならそんなに今と変わらないかも…
おこづかいはやっぱり減るわね
例えば通信費なら老後には不必要なオプションもあるはず
安いプランに変更するなどしたほうがいいわね

スマホ代
月2万円以上の
ゲーム魔
のぞみ
グサー
GAME
節約か〜
やったことがない
できるかな〜　ね、のぞみ？
のぞみ!?
ほら
スマホ
ゲームよ
しっかり
して!!
さーっ
そういう人に
おすすめ
なのが1日
1000円で
買い物する
という方法！
はっ
1000
千円
1000
えっ、1000円なんて
マスターの店に
行ったら
もう使いきっ
ちゃうよ〜
待って　いくよ
100円ショップ
ヤスソー
100
あそこを利用すれば
意外といけるかも!!
他にも
クーポン利用
するとか！

この方法は1日1000円での「買える量」をつかむのが目的よ
買える量がわかることで節約のポイントがつかめるわ
さっそく明日からやってみま～す
ピシッ
SUPER MARKET
ズコ
でも今日は飲みたい気分なのでチーズは買っちゃお♪
たまに自分へのごほうびも大事 メリハリのあるお金の使い方がポイントよ
ですよね～
明日から節約だから今日のうちにアレとコレと～♪
っていうか買い過ぎ～

STEP 2

今から考えたい！ 年金生活後の家計バランス

年金生活になると働いていたときに比べて、収入が減るので今までと同じ割合でお金は使えません。家計バランスを見直しましょう。

年金生活になったら受給額内で生活するようにする

年金生活になると、会社や働き方によって違いがあるとしても現在と同じ水準の収入は得られないので、当然現在と同じお金の使い方をしていると破綻してしまいます。年金の受給額内で生活するのが基本と考えましょう。

現状家計の5〜7割に抑えるように家計バランスを調整

年金受給額は現在の収入から1／2〜1／3程度減るので、家計も現状の5〜7割で生活をすることを考えましょう。急にはなかなか生活コストは下げられないので次ページを参考に今から調整を。通信費やレジャー費などを抑えるなどやりくりしてみましょう。

＼ 年金生活の家計は現状家計の5〜7割に抑える ／

年金生活における家計の見直し方法

現在の家計からどんな項目の費用を抑えておくと節約しやすいかポイントを紹介します。

教養娯楽、レジャー費、被服費を抑える

現役時代ほど、スーツ代など被服費用はかからないので抑えましょう。娯楽やレジャーは計画を立てて使いましょう。

ケーブルテレビなどの契約の見直しをする

テレビをゆっくり見られる時間は取れるようになりますが、見たい番組を絞って契約し直したほうが負担は軽くなります。

通信費などのプランを変える

退職すると仕事で使っていたほどデータ通信量を使わないので、割安のプランに変えるなどこまめにチェックしましょう。

住宅の修繕費や管理費は忘れずに確認しておく

家を購入した人は家計に入れておきたいのが、管理費や修繕費。かかるときは大きな費用になることもあるので注意を。

1日1000円で買い物してみる

食費の節約に効果的です。1000円しかないとセール品を見つけても無駄に買うこともなく、節約の練習になります。

1章で計算した年金受給額を当てはめて家計バランスの参考に。受給額が低いほど家計の収支の赤字分が大きくなり、その分の老後資金が必要になってきます。
※持ち家があるケースを想定し、家計に住居費は含めず、代わりに住居の修繕費・管理費を計上している。

	10万円	11万円	12万円	13万円
	2万3000円	2万5000円	2万7000円	3万円
	1万2000円	1万2000円	1万2000円	1万4000円
	1万2000円	1万円	1万円	1万2000円
	5000円	5000円	5000円	5000円
	5000円	5000円	5000円	5000円
	4000円	5000円	5000円	5000円
	3000円	3000円	5000円	5000円
	5000円	5000円	6000円	5000円
	1万円	1万円	1万2000円	1万3000円
	3000円	5000円	5000円	5000円
	1万5000円	1万5000円	1万5000円	1万5000円
	4000円	5000円	6000円	7000円
	7000円	5000円	6000円	7000円
	4000円	5000円	5000円	5000円
	11万2000円	11万5000円	12万4000円	13万3000円
	−1万2000円	−5000円	−4000円	−3000円

おひとりさまの年金生活の家計バランスの目安

年金受給額（月ごと）		8万円	9万円
費目	食費	2万円	2万2000円
	電気・ガス・水道代	1万2000円	1万2000円
	通信費	1万円	1万円
	日用雑貨費	5000円	5000円
	教養娯楽費	5000円	5000円
	レジャー費	3000円	4000円
	被服費	3000円	3000円
	医療費	5000円	5000円
	おこづかい	1万円	1万円
	交際費	3000円	3000円
	修繕費・管理費	1万5000円	1万5000円
	社会保険料	3000円	4000円
	生命保険・損害保険料	5000円	6000円
	雑費	3000円	4000円
支出合計		10万2000円	10万8000円
収支		－2万2000円	－1万8000円

貯蓄額　預け入れ先

貯蓄を把握しよう

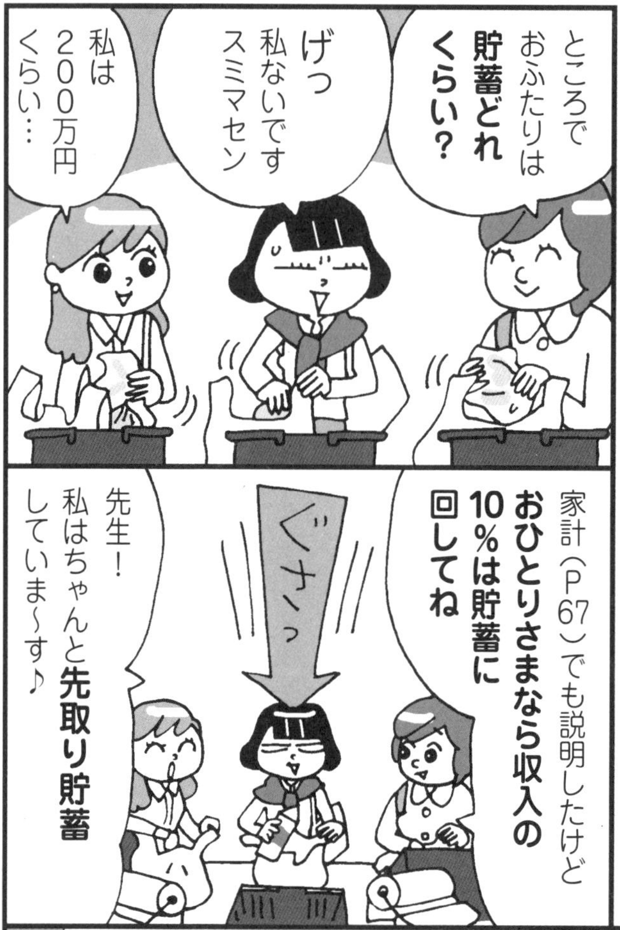

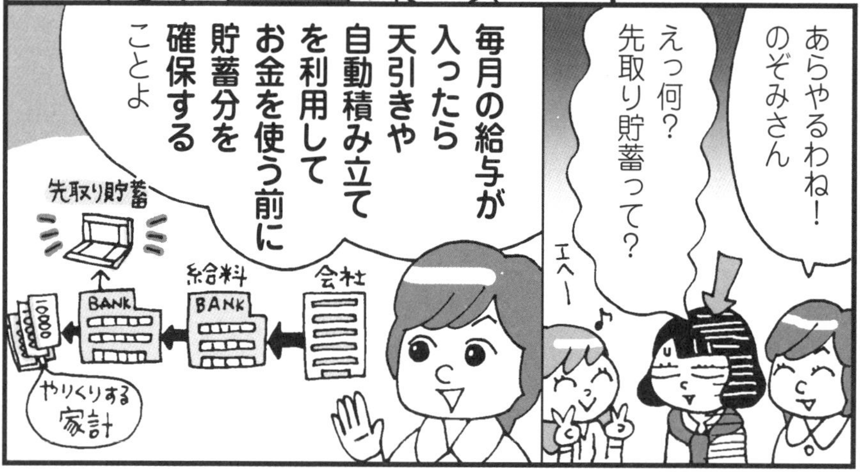

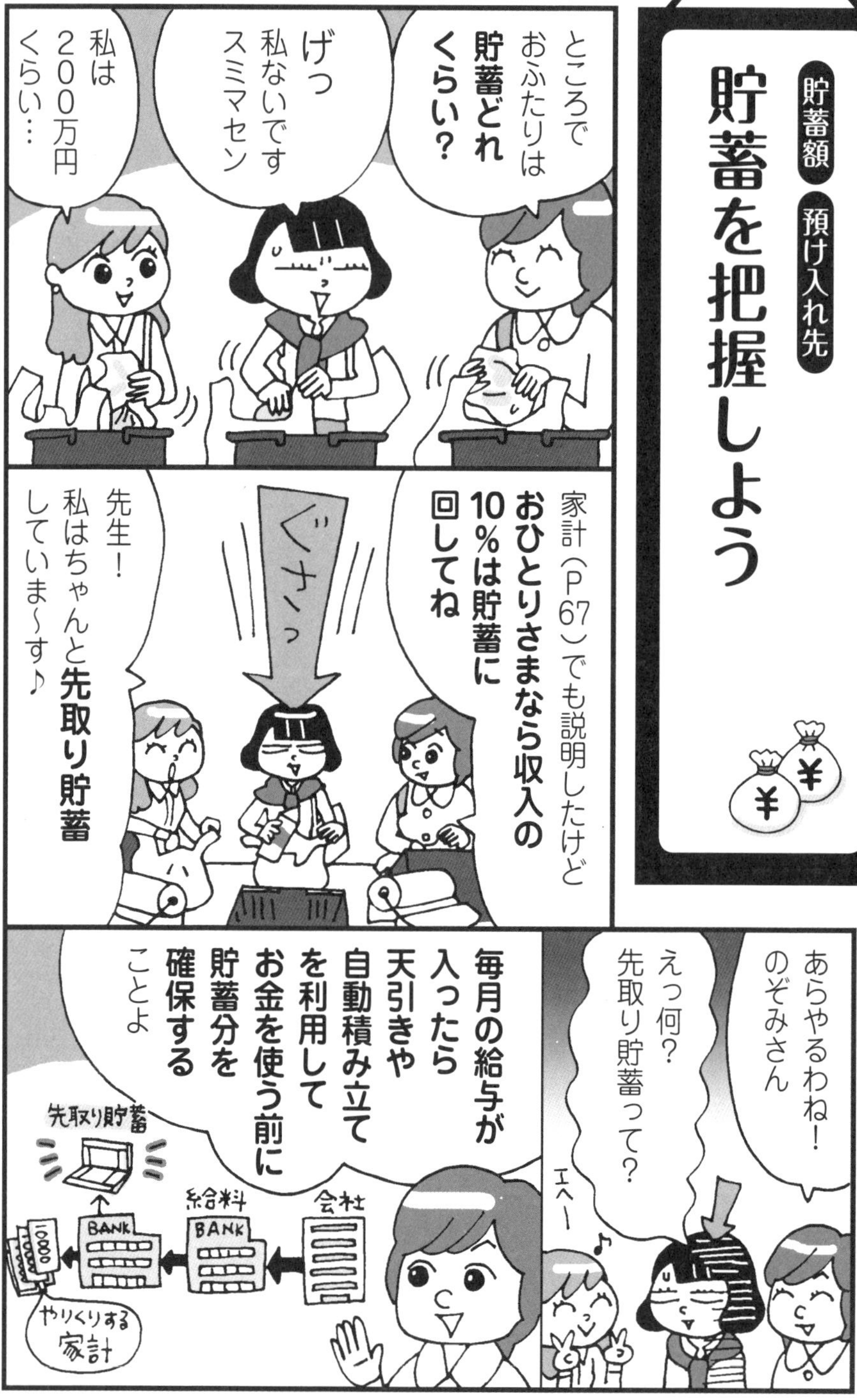

はじめは生活費で余った分を貯蓄しようとしたんだけど余るどころか赤字になってボーナスから補てんしちゃって
あればあるだけ使っちゃうもんね～
これじゃあダメと思って天引き預金をすることにしたの
会社に制度がある人は財形貯蓄がおすすめよ 老後資金の準備をしたい人は財形年金貯蓄を活用しましょう P81を見てね
先生、私のようなフリーや会社に制度がない人はどうしたらいいの？
自動積立定期預金を利用しては？
それって何？
普通預金から自動で一定額が振り替えられる定期預金のことよ 確実に貯めることができるわ とにかく貯蓄はコツコツやることが大事よ
人生と同じね がんばりま～す!!

STEP 1

今後の生活を左右する！ 貯蓄を把握

**老後資金の目標貯蓄額を設定するためにも、毎月の貯蓄はいくらで現状どれくらい貯めているかを把握しましょう。
きちんと貯蓄ができていない人は今からでも貯めましょう。**

MENU

貯蓄は給与から自動的に積み立てて確実に貯める

まずは自分の毎月の貯蓄額や現状で、生活費とは別に貯めたお金はどれくらいあるかを確認しましょう。家計のページで触れたように貯蓄は収入の10％はしたいもの。生活費とは別にして貯めましょう。

毎月同じペースでコツコツ貯めることが一番の近道

まずは貯蓄額を増やすことに注力して。毎月の給与が入ったら天引きや自動積立を利用するなど先取り貯蓄を心がけましょう。働き方によっては財形貯蓄を利用する、自動積立預金をするなど確実に貯めるようにしましょう。

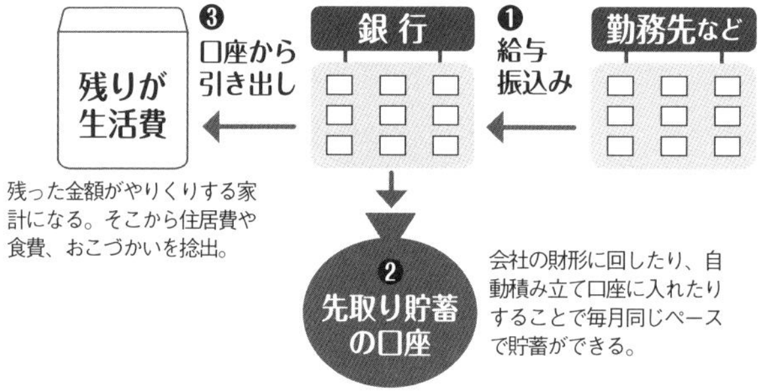
勤務先など
❶ 給与振込み
銀行
❷ 先取り貯蓄の口座
❸ 口座から引き出し
残りが生活費
残った金額がやりくりする家計になる。そこから住居費や食費、おこづかいを捻出。
会社の財形に回したり、自動積み立て口座に入れたりすることで毎月同じペースで貯蓄ができる。

先取り貯蓄とは

収入から先に貯蓄をあらかじめ引いておくこと。先取り貯蓄分を給与から天引きしたり、自動積立預金にしたりすることで、生活費と別にでき、確実に貯めることができます。

現状の貯蓄を把握する

現状の貯蓄額がわからないと老後資金の目標は立てられません。子ども時代から貯めている貯金など整理して把握しておきましょう。貯蓄性のある保険も組み入れましょう。

普通預金

生活費とは別に普通預金で貯めている貯蓄額を記入。生活費と同じ人は今月の生活費に補てんする分をのぞいた貯蓄額を出して。

円

＋

定期預金

まとまったお金を定期預金に入れている人も多いはず。先取り貯蓄も貯まったらより有利な条件の定期預金に移しても。

円

＋

貯蓄性の保険

養老保険などに加入している人は満期に受け取れる満期保険金額を記入。その他老後にお金が戻る「健康還付給付金」などを記入して。

円

＋

投資など

株や投資信託などをしている人は現在高を記入。少なくとも年収の半分くらいの貯蓄があり、生活費に余裕ができてから始めたい。

円

＝ 貯蓄合計　　円

働き方別おすすめの貯蓄方法

会社員なら財形を利用するなど、コツコツ貯蓄するために使える制度があります。
自営業の人は民間の金融機関の商品を上手に使って、自動的に貯まるようにしましょう。

会社員なら

財形貯蓄を利用する

目的によって天引きで貯められる有利な貯蓄方法

勤務先が提携している金融機関で行う給与天引きの貯蓄。融資制度や優遇税制などメリットが多いです。目的を設けずに利用できる一般財形貯蓄、住宅購入のための財形住宅貯蓄、老後資金を貯めるための財形年金貯蓄の3種類がある。給与天引きで貯めやすく利息が非課税になるのでぜひ利用しましょう。

★財形貯蓄の種類

	一般財形貯蓄	財形住宅貯蓄	財形年金貯蓄
目的	特に制限なし	住宅購入やリフォームの費用	老後の資金の準備
始める年	制限なし	55歳未満	55歳未満
積立期間	3年以上なし	5年以上	5年以上
引き出し	積立開始から1年たてば制限なし	住宅購入で必要になったとき（住宅取得やリフォーム以外の引き出しは過去5年分の利息に対して20%課税あり）	満60歳以降　5年以上20年以内の年金形式（60歳以降に年金として5年以上20年以内で受け取る以外の引き出しは過去5年分の利息に対して20%課税あり）
非課税制度	なし	財形年金貯蓄と合わせて550万円まで利子が非課税	財形住宅貯蓄と合わせて550万円まで（保険型は払込保険料385万円まで）利子が非課税

自営業なら

自動積立預金を利用しよう

自動的に定期預金ができるのでコツコツ確実に貯まる

普通預金口座から毎月決まった日に決まった金額を自動的に定期預金に振り替えてくれるので、ずぼらな人でも確実に貯めることができます。振り替え日を収入がある日に設定しておくと天引きと同効果があります。

ポイント
振り替えの指定日を収入の入る翌日にしておけば、残高がなくて振り替えできないこともなく、確実に預金できます。

注意したいこと
総合口座と一緒だと定期預金が担保となり残高がないときに借り入れができてしまい、使い過ぎになることもあるので注意して。

イベント 必要な出費 がわかる

ライフプランを立てよう

老後のためとは思いつつ目標がないと貯めづらいね
目先のことばかり考えちゃうしね
そこでおすすめ！ライフプランシートを作ろう〜♪
ライフプランシートってテーマが大きすぎ!!
ライフ プラン
大げさに考えないで！今後のイベントと必要な費用を書き込むだけよ
マイホーム購入や海外旅行など実現したい夢でもいいのよ
そんな先まで考えられない〜
とりあえず10年分書いてみて
47歳で親と一緒に海外旅行に行きたいけどマンションのローンがあるしなあ

ライフプランシート記入例

西暦、年齢、仕事の予定、夢やイベント、それにかかる費用を記入するライフプランシート。
夢や希望を書き込み、現実とすり合わせることで老後資金計画が立てやすくなります。

西暦	2015	2016	2017	2018	2019	2020	2021
年齢	38歳	39歳	40歳	41歳	42歳	43歳	44歳
仕事の予定	昇進試験				勤続20年		
夢やイベント		住宅購入		法事			親と海外旅行
必要な出費		頭金200万円		3万円			30万円
その他		住宅ローン			繰り上げ返済		

例を参考に次ページのライフプランのシートにイベントや予測される費用を書き込んでみよう！

20年、30年先を考えられない人はまずは10年分から記入を。ライフプランを立てることで老後の生活と資金の目標がわかりやすくなり、見通しが立ってきます。

	2022	2023	2024	2025	2026	2027	2028	2029

	2037	2038	2039	2040	2041	2042	2043	2044

ライフプランを把握！ 書き込みシート

西暦	2015	2016	2017	2018	2019	2020	2021	
年齢								
仕事の予定								
夢やイベント								
必要な出費								
その他								

西暦	2030	2031	2032	2033	2034	2035	2036	
年齢								
仕事の予定								
夢やイベント								
必要な出費								
その他								

頼りになる公的保険をチェックしよう

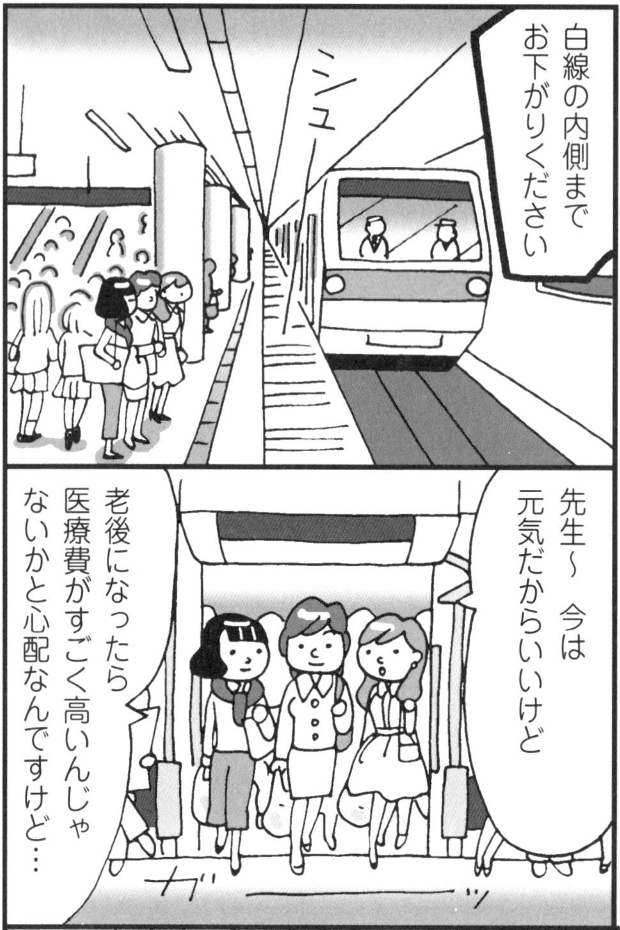

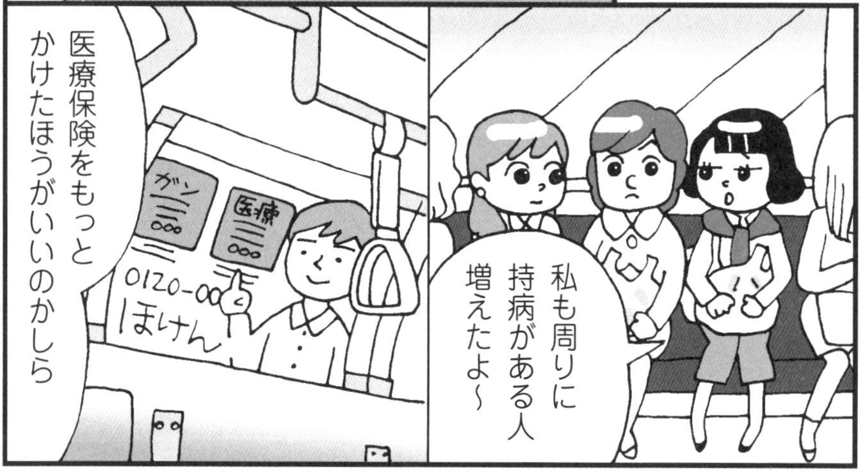

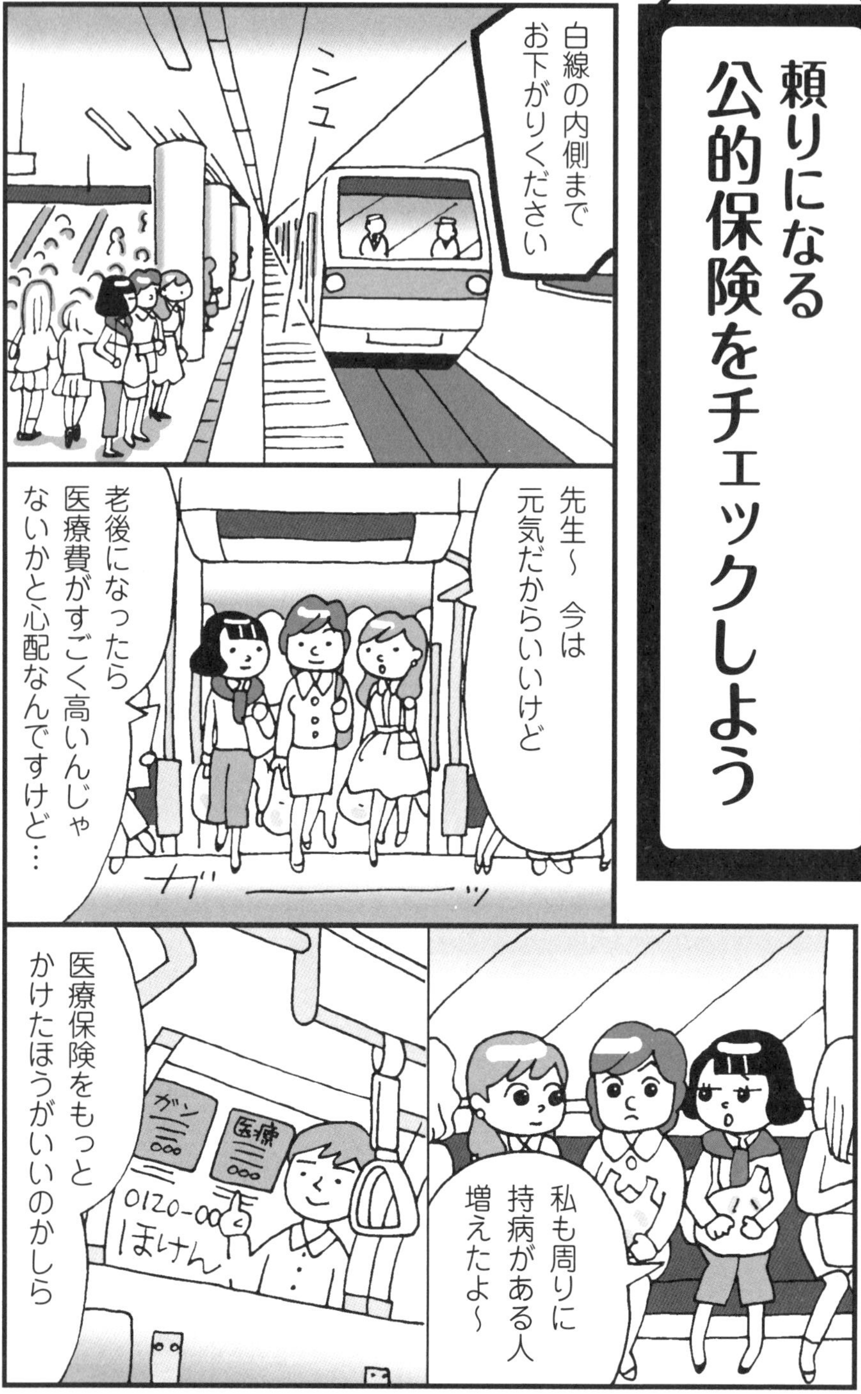

ちょっと待って！ 公的な健康保険制度を利用すれば医療費の負担は軽減できるのよ
えっ 公的って あの健康保険の制度で？
そうよ 高額療養費制度というのがあるの
知らなかった～
例えば70歳未満で年収370万円の人が医療費100万円かかったとしたら…
健康保険の自己負担額は3割なので
本来は医療機関の窓口で30万円を支払うんだけど
え～ 30万円も!!

※1　70歳未満、年収370万～約770万円のケース。

高額療養費制度を使えば
高額療養費の自己負担限度額の計算方法
8万100円＋（総医療費－26万7000円）×1%
8万100円＋（100万円－26万7000円）×1%
＝8万7430円
自己負担は8万7430円※1で済むのよ
つまり高額療養費の還付金として
還付金
30万円－8万7430円
＝21万2570円
シュッ
21万2570円が支給されるということ！
あ～よかった!! これなら安心です
ホッ
さらに！ 事前に健康保険に申請し『健康保険限度額適用認定証』を取得しておくと立て替えすることなく
医療機関の窓口で高額療養費の負担額の限度額※2を支払うだけで済みますよ
ほっ 私も安心した～!!
30万円も現金ないし～

※2　今回のケースでは8万7430円。

STEP 1

公的保険でまかなえる！高額療養費制度

老後の医療費が高額になったらどうしよう……と心配になりますが、
実は公的な保険でカバーできます。申請すれば自己負担額を軽減できます。

高額療養費制度とは

同じ月内で医療費が一定額を超えて高額になった場合、その超えた金額を支給する制度。健康保険に加入していれば誰でも申請できます。所得によって負担限度額は変わります。

必要なもの

- ☐ 高額療養費支給申請書
- ☐ 健康保険証
- ☐ 印鑑

高額療養費制度でカバーされるので健康保険には加入を

老後に高額な医療費がかかっても健康保険に加入していると、高額療養費制度で自己負担額が軽減されます。「健康保険限度額適用認定証」を取得しておけば、支払いは自己負担額のみで済みます。

＼基本のダンドリ／

入院前に健康保険または役所で申請書の書類をもらい提出する

↓

健康保険または役所から健康保険限度額適用認定証が発行される

↓

認定証を病院での支払い時に提示し自己負担限度額のみ支払う

高額療養費の自己負担限度額の計算式

（標準報酬月額 30万円の人の場合）

8万100円＋(総医療費－26万7000円)×1%

例）1カ月の医療費が100万円の場合
一部負担　30万円（自己負担額）（100万円×3割）

8万100円＋(100万－26万7000円)×1%＝ **8万7430円**
↑自己負担限度額

30万円－ 8万7430円 ＝ **21万2570円**
↑高額療養費制度による還付金額

★1カ月の医療費の自己負担限度額（70歳未満）

所得区分	1カ月の自己負担限度額
年収約1160万円以上	25万2600円＋（医療費－84万2000円）×1%
年収約770～約1160万円	16万7400円＋（医療費－55万8000円）×1%
年収約370～約770万円	8万100円＋（医療費－26万7000円）×1%
年収370万円以下	5万7600円
低所得者（住民税非課税）	3万5400円

医療保険 ガン保険 生命保険

民間保険を把握しよう

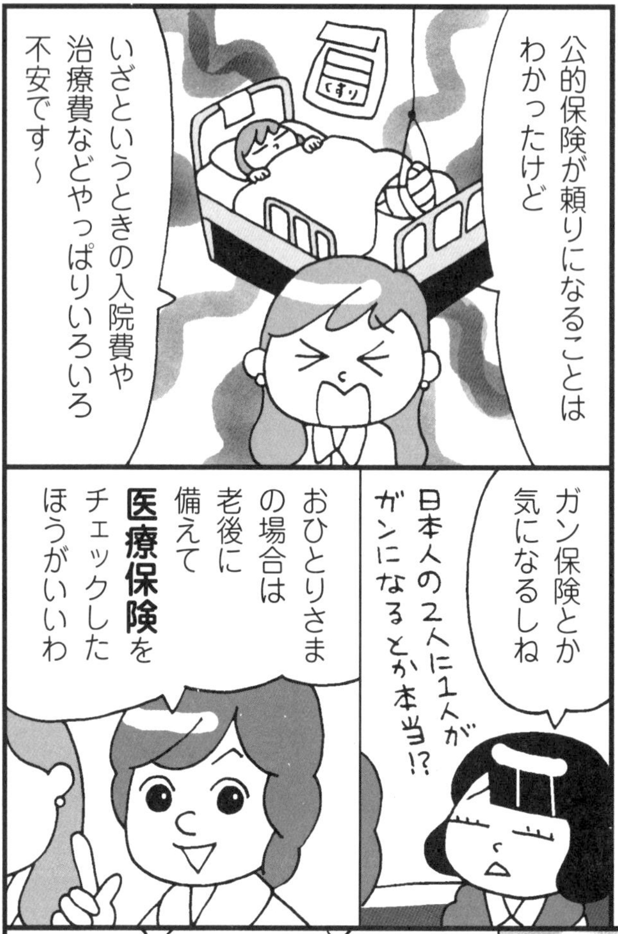

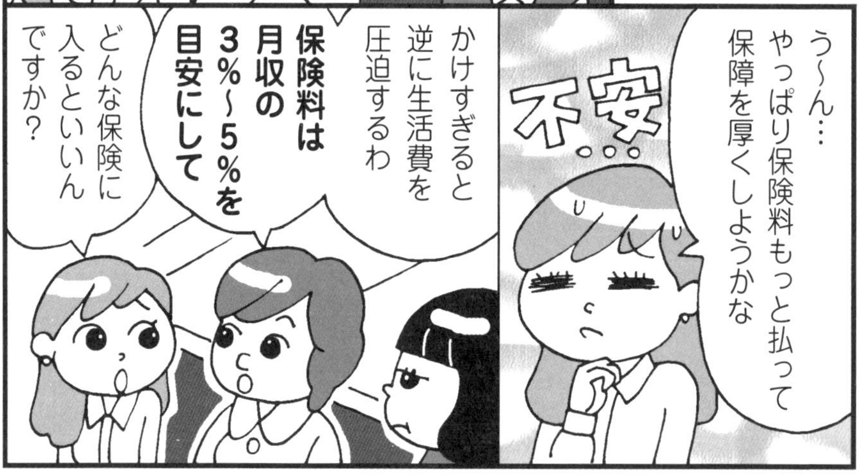

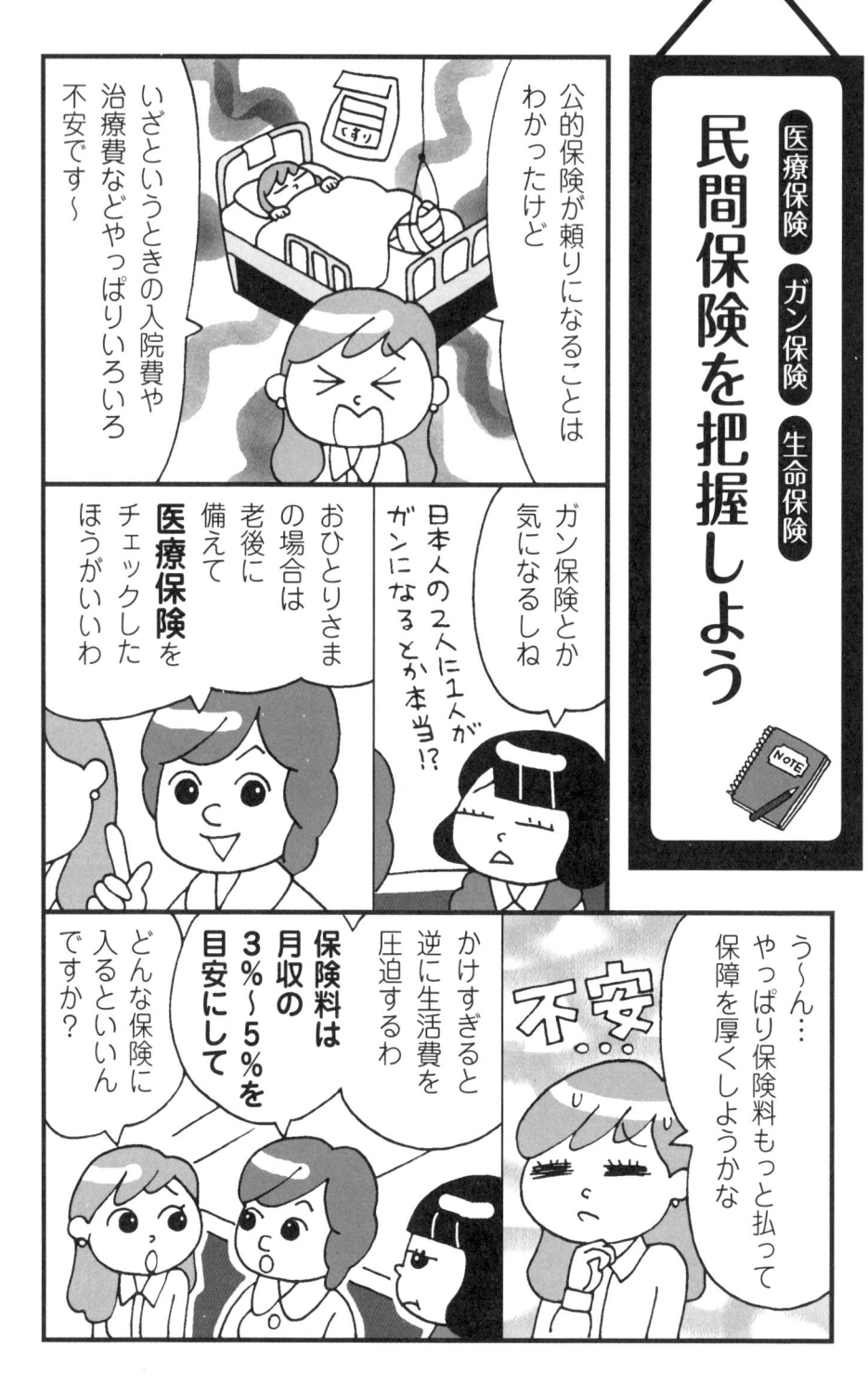

終身型の医療保険なら一生涯、保障が続くので安心よ
死ぬまで保障
終身
定期
保障なし
←払い込み終了（例65歳）
保障期間が有限だと長生きした場合は保障切れになっちゃうわ
私もムダに長生きしそうだしな
先生ガン保険は加入しておいたほうがいいのかしら?
ガンと診断されたらすぐに給付金が受け取れるので安心だけど
通常の医療保険でも手術や入院時の給付金は受け取れるので、無理に加入しなくてもいいと思うわ
ガン以外の保障はないもんね
保障範囲のイメージ図例
医療保険
ガン以外の入院・手術・先進医療等
ガン入院
ガン手術
ガン先進医療等
ガン保険
ガン診断・放射線治療 等
医療保険に加入した上で保険料の支払いに余裕があるなら考えてもいいですね

ところで先生、**死亡保障**ってどうしたらいいんでしょう?
え～?おひとりさまだし死亡保障は加入しなくてもいいんじゃん
だって死んだ後弟に迷惑かけたくないの
立つ鳥跡を濁さずって言うでしょう?
あとは野となれ山となれじゃないんだね!
ギコ ギコ
お葬式を任せる人がいるならその人に500万円くらいの死亡保障額を遺しておくとお葬式代もカバーできますね
はっ
葬式…
そういえば私の葬式って誰が出すの…
おひとりさまの場合はまずは医療保障を考えて次にお葬式代を遺したい場合や今後家族ができたときに死亡保障を考えればいいわ
1に医療保障
2に死亡保障

そうですよね♡
今後ライフスタイルが変わることもありますもんね
HAHAHA...
そーだね・・・
要するに保険はライフスタイルに合わせて見直しすることが大事です
保険はシンプルに柔軟にですね！
そのとおり！
ホケン
プシュ
あら
もう私の駅!!
今日はここで失礼するわね
またね～
先生
ありがとうございました～

STEP 1

万一に備えたい！ 医療保険

公的保険でカバーしきれない部分は民間の医療保険で
カバーを。ただ万が一の病気やケガに備えるために保険料が
高くなり過ぎると家計を圧迫するので、必要な保険を選択して。

シンプルなプランを利用して保険料を安く抑えて

医療保険は「入院・手術・先進医療」の3つの保障に絞ることが合理的。公的保険の高額療養費制度も利用できるので、この3つの組み合わせで入っておくとだいたいはカバーできます。

医療保険の種類

終身型医療保険

終身保障でなおかつ有期払い込みタイプに注目

保険料は比較的安く、一生涯医療保障が続くので、老後のことを考えるとおすすめ。保険料は払い込み期間を設けてその間に払う有期払いタイプと終身タイプがある。

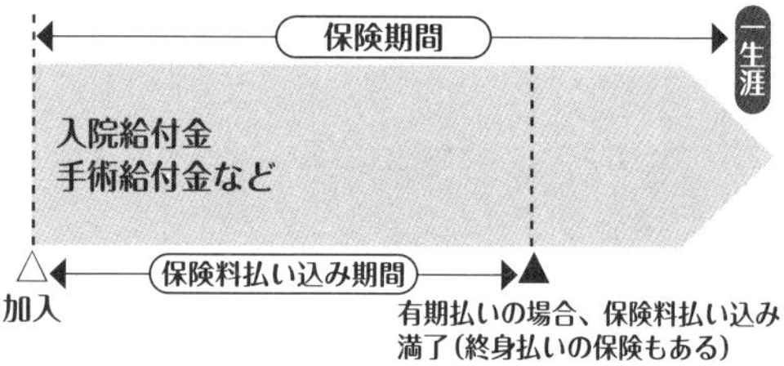

ガン保険

保障の対象をガンに限定した保険

医療保険の一種で保障の対象をガンにしぼった保険のこと。ガンと診断された時点で、ガン診断給付金が受け取れ、治療や手術のために入院するとガン入院保険や手術保険が受け取れる。死亡時には保険金が払われるものも。

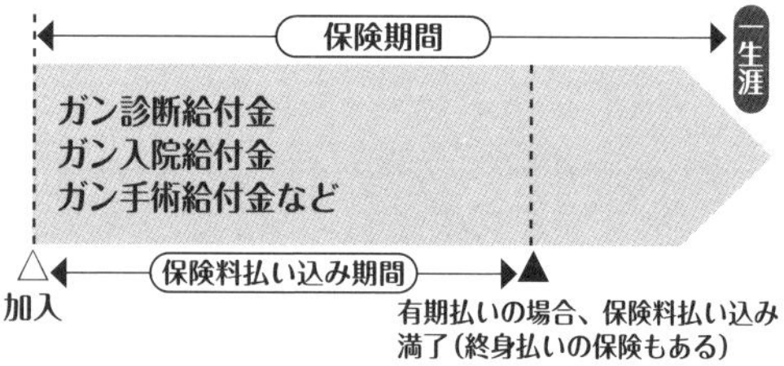

医療特約

死亡保険とセットで保障を付ける

生命保険にプラスして入院給付金など保障を付けるのが医療特約。医療特約部分は10年ごとなどで更新するプランと加入時に終身で付加できるタイプがある。

おひとりさまが押さえておきたい医療保険

有期払いの終身保障の医療保険

60歳で保険料を支払い終える有期払い込みなら加入時点の保険料が支払いを終えるまで変わらない上、支払い終了後も保険料ゼロで生涯医療保障が得られる。

退職前に払い終える有期払いの終身保険

現役時代は保険料の支払いができても年金生活になると、家計を圧迫する可能性も。保険は収入のあるうちに払い込むことができる有期払いにしておくと、老後は保険料を払わず保障が生涯続きます。

他にもある！医療保険の入り方

❶ 生命保険の「特約」として付ける

生命保険に医療保障をプラスしたタイプ。死亡時の保障も受けられるし病気やケガで入院したときも一定額が支払われる。

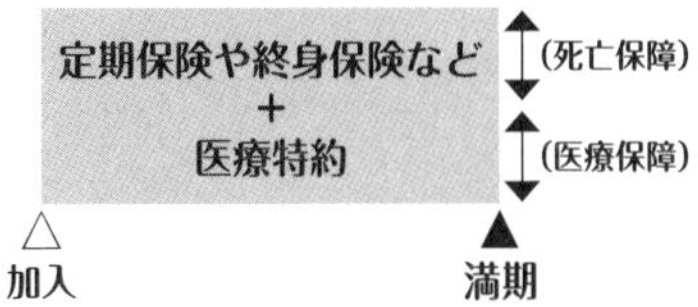

❷ 単体の定期型の医療保険に入る

ある特定の期間だけ保障される保険。たとえば10年ごとに更新を迎え、一定年齢になると満期を迎えるタイプもある。

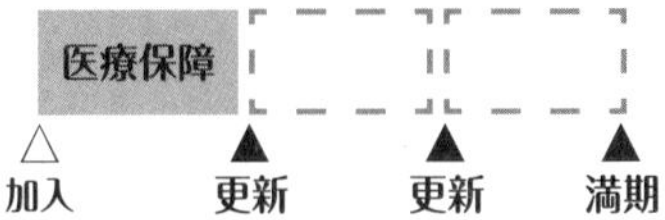

おひとりさまが押さえておきたい保障内容・保険料

月々の保険料・保障の目安

入院しても高額療養費制度を利用できるので、それを除いた治療費の補てんと考えると入院給付金は日額5000円くらいを目安にしましょう。

保険料＝月額3000円

保障＝入院日額5000円

保障内容

入院保障

＋

手術保障

＋

先進医療保障

商品によって終身保険にセットされている場合が多い。入院・手術保障で公的保険の自己負担分を補い、高度な治療に対応する先進医療保障の組み合わせだと安心です。

先進医療保障とは

厚生労働大臣が指定した医療機関で実施される最先端の医療技術。さまざまな種類があるが、一般に高額でしかも全額患者の自己負担となる。先進医療保障はその費用をカバーしてくれる保険。

今さら聞けない！保険のソボクなQ&A

STEP 2

保険はグラフや数字がたくさん並んでいるイメージでわからない人も多いはず。よく耳にする通販型の保険、女性向けの商品など気になるワードを解説します。

Q1 保険に加入するより貯蓄を増やしたほうがいいのでは？

A 保険は必要なときに必要な保障を得られます

保険は四角。貯蓄は三角に例えられます。毎月積み立てていくのは同じですが、徐々に貯まる貯蓄と違い、保険は加入したその日から必要な保障を受け取ることができます。

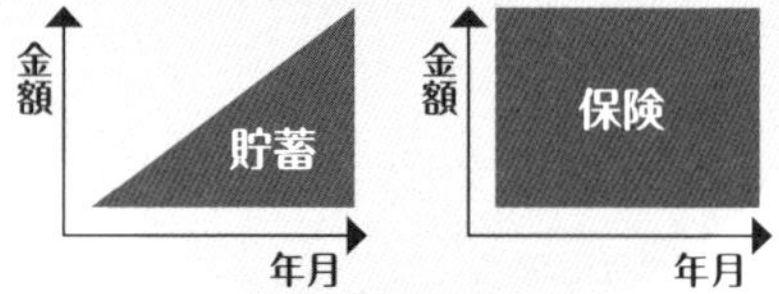

Q2 保険って一度入ったら入りっぱなしでいいの？

A 不満がなければそのままでもOK 見直すなら40代までにする

今、入っている保険に不満がなければ入りっぱなしでもいいですが、他にいい保険に入り直したいなら40代までに見直しを。50代になると保険料が高くなり健康状態によっては入りにくいことも。

Q3 保険の相談をするときに事前に準備したほうがいいことは？

A 相談したい内容を整理し加入している保険証券を持参

今、加入している保険があれば保険証券を持参すると現状が把握できます。その他に家計の状況をまとめたメモや気になる商品や会社があれば書き留めておき、持参すると便利。

Q4 通販型の保険って何？

A 郵送でのやりとりで加入できるシステム

利用者はネットや電話を介して保険会社から見積りを取り、郵送などで手続きをします。個人の担当者はいないので、不明点などはコールセンターで問い合わせをすることに。

Q5 保険ショップってどんなところ？

A 駅前やショッピングセンターにある保険相談所

保険会社が直接経営する「直営型」、特定の保険会社と提携し、その会社の商品を扱う「専属型」、複数の保険会社の商品を幅広く扱う「総合型」があり、保険の説明を受けられます。

Q6 女性向けの商品につい反応しますが…？

A 女性向けの商品より医療保険を充実させる

「女性特定疾病保障」は女性特有の病気にかかったときの保障が上乗せされますが、保険料が割高になる場合も。女性もまずは医療保険の保障額を増やすことを優先して。

押さえておきたい！
生命保険の基礎知識

おひとりさまの場合、遺す家族がいない死亡保障はなくてもいいのですがお葬式代として考えておくなら、割安の掛け捨てタイプを選んで。

おひとりさまの場合死亡保障はなくてもいい

遺す家族がいない、受取人が面倒がるなど、おひとりさまの場合は死亡保障はかけなくてもOKなので、その分貯蓄に回しましょう。お葬式代として残したい人は500万円くらいの保険に入っておくと安心です。

おひとりさまが押さえておきたい死亡保障

定期保険

10年など契約時に決めた期間だけ保障してその期間が終わると契約を更新していく仕組みの保険。保険料が安く見直ししやすい。

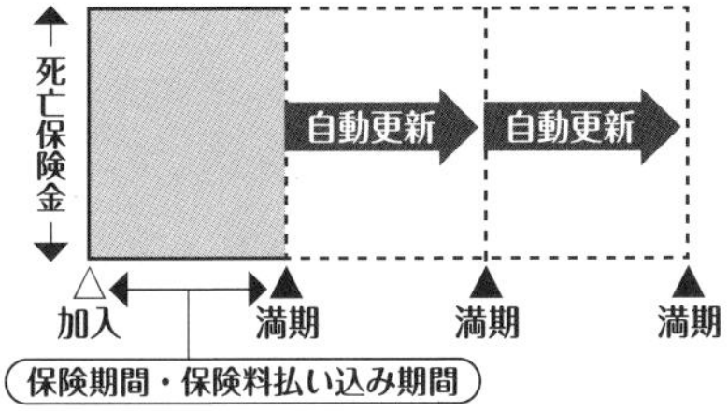

お葬式を誰かにお願いする場合に死亡保障に入る

お葬式代で身内に迷惑をかけたくない、死後の貯蓄の残りが心配な場合はお葬式代として500万円程度の死亡保障を。割安で見直ししやすい定期型の掛け捨てタイプがおすすめです。

死亡保障の他の種類

【終身保険】

一生涯にわたって保障される保険で何歳で亡くなっても保険金を受け取れる。保険料が割高になるというデメリットもあるが加入したときの保険料が支払いを終えるまで変わらない。

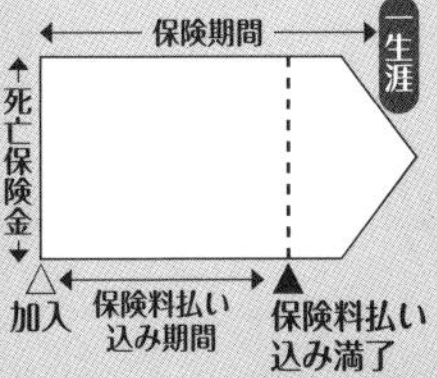

【収入保障保険】

決まった期間内での死亡・高度障害に対して一定の額の保険金を毎月受け取れる。死亡時期により保険金の額が変わるしくみの保険で、保険期間が終わりに近づくほど額は少なくなる。

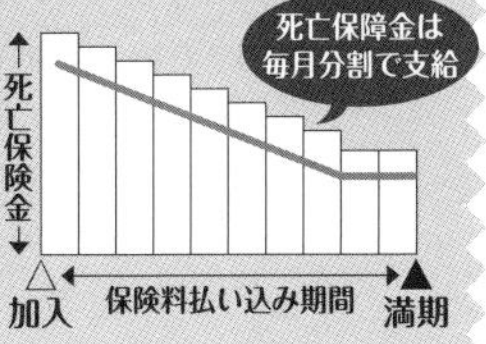

月々の保険料・保障の目安

- **保障額　500万円を目安に**
- **保険料　1000～2000円くらい**

保険料は掛け捨てタイプの安いもので。保障額はお葬式代として500万円くらいでOK。

書き込みシート

まずは自分の財政面をしっかり把握。
今のうちに書き出しておくことで
老後の資金計画が立てやすく、
いざというときにも役立ちます。

● 家計簿

	現在の家計支出	年金生活の家計支出
収入（1カ月）		
住居費		
食費		
電気・ガス・水道代		
通信費		
日用雑貨費		
教養娯楽費		
レジャー費		
被服費		
医療費		
おこづかい		
交際費		
貯蓄		
社会保険料		
生命保険・損害保険料		
雑費		
支出合計	円	円
収支	円	円

★貯蓄について

普通預金		定期預金		貯蓄性の保険		投資など		貯蓄合計
円	＋	円	＋	円	＋	円	＝	円

★民間保険について

	保障内容	保障額	月々の保険料
医療保険			
生命保険			

住まい・家計・貯蓄・保険を整理！

● 住まい

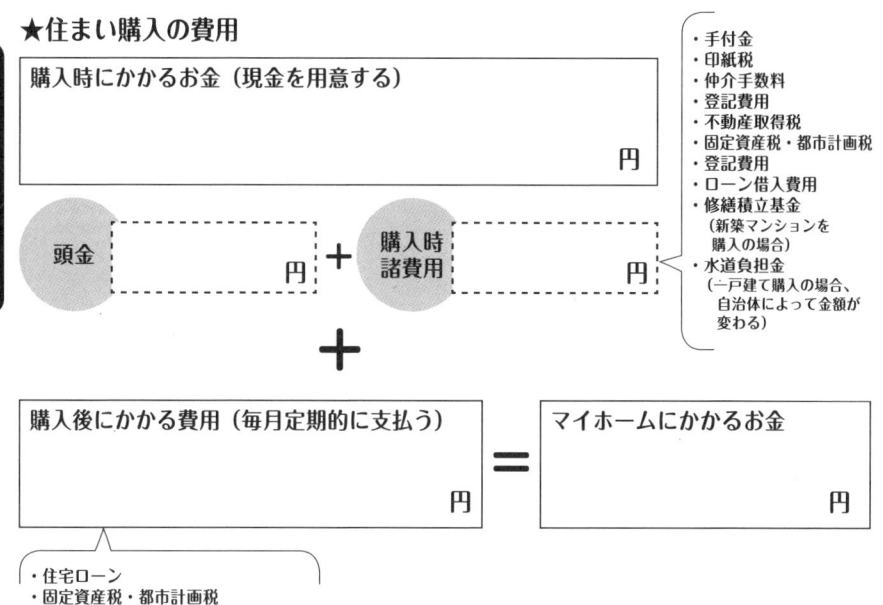

★住まい購入の費用

購入時にかかるお金（現金を用意する）

円

頭金　　円　＋　購入時諸費用　　円

・手付金
・印紙税
・仲介手数料
・登記費用
・不動産取得税
・固定資産税・都市計画税
・登記費用
・ローン借入費用
・修繕積立基金
（新築マンションを購入の場合）
・水道負担金
（一戸建て購入の場合、自治体によって金額が変わる）

＋

購入後にかかる費用（毎月定期的に支払う）

円

＝

マイホームにかかるお金

円

・住宅ローン
・固定資産税・都市計画税
・住宅の維持費（管理費、修繕費など）

★住宅ローンについて

利用する住宅ローン	
利用する金利	
返済方法	
返済期間	

忘れずにやろう

退職後の健康保険の変更手続き

公的保険は医療費をかなりカバーしてくれる強い味方。
退職後は働き方や条件によって加入する保険が違います。
手続きの期限があるので忘れずに手続きしましょう。

★退職後の健康保険の選択

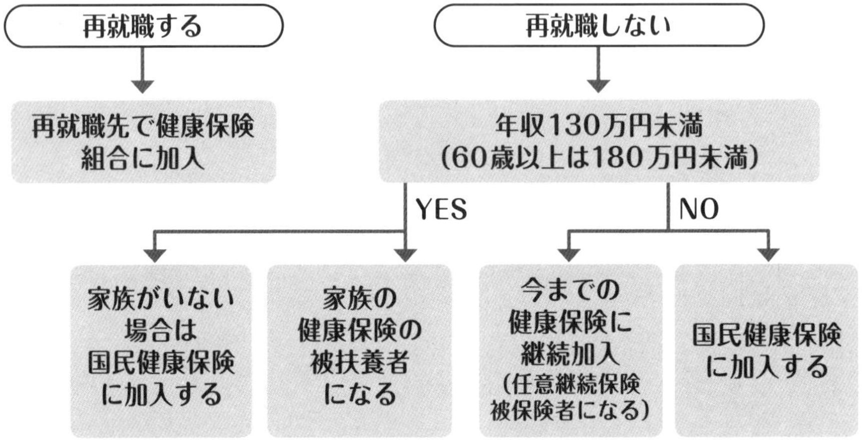

※75歳になるとすべての人が後期高齢者医療制度に加入する。

※健康保険を任意継続するか、国民健康保険に加入するかを選ぶ。保険料の負担を比較して選択。

★退職後に加入できる健康保険と条件

	任意継続保険被保険者になる	国民健康保険に加入	家族の健康保険の被扶養者になる
いつまでに	退職後２週間	原則 75 歳まで	原則 75 歳まで
加入条件	退職時まで継続して２カ月以上加入	なし	年収130万円未満（60歳以上は180万円未満）
保険料	・退職時の標準報酬額（上限28万円）を基準に算定 ・事業主負担がないので全額自己負担になる	前年の世帯所得、固定資産税、世帯人数を基準にして算定	なし
手続き・手続き期間	勤務先（各健康保険組合など）に退職後 20 日以内に	居住している市区町村に退職後 14 日以内に	被保険者の勤務先（各健康保険組合など）の被扶養者に該当してから５日以内
必要な書類	任意継続被保険者資格取得申出書など	健康保険の資格喪失証明書、本人確認書類、印鑑など	被扶養者異動届　所得証明書、住民票、退職証明など

おひとりさまの老後のお金と暮らしの本

第3章 老後資金の必要額と貯め方・増やし方を知ろう

いくらあると安心？

老後資金ってどれくらい必要？

親が野菜どっさり送ってくれたんだけど、ひとりじゃ食べきれなくて先生にお裾分けいくよさんもどう？
料理苦手だし…
遠慮しとくわ…ジャガイモとニンジンから前に芽が伸びてスゴイことになったことがあるから…
ピーンポーン♪
あっ来た来た
先生、狭い所ですがどうぞ上がってください
おじゃましま～す
あら！いくよさんもいらしていたのね！
先生～いいところに!!老後資金について話していたんです
こちらへどうぞ
ありがとう
もらえる年金額内で生活していくことをなるべく目指すとして
旅行とか大きな買い物だって老後もすると思うんですけど老後資金ってどれくらいあればいいですか？

そうね。老後資金については
不安だと思うけど
世間で言われている
3000万円も必要ないわよ
えっ!!
ホント?
退職後の主な老後資金は
年金額内の生活費では
まかなえない
「かくれ出費」×平均余命
（退職後）で出せるわ
「かくれ出費」×平均余命
（退職後）
かくれ出費?
なにそれ
例えば
大きな旅行費
冠婚葬祭費
家具や家電の
買い替え費や
持ち家の人は固定資産税などよ
私、固定資産税は
今も生活費とは別に
貯蓄から出して
いるなあ

※P107の表「主な年齢の平均余命」参照。

退職後は原則的に生活費は年金から出す前提で基本の生活費以外の必要額を老後資金として貯めておくイメージね
のぞみの場合
かくれ出費　平均余命
45万円×24年
=1080万円
例えば私のかくれ出費が年間45万円で65歳まで働くと平均余命※は約24年でしょこれをかけると約1080万円っていくことね！
1080
スゴイ！3000万円も必要ない！
わあ
そう!! まずはかくれ出費を洗い出して老後資金を出してから貯蓄目標額を決めましょう！
あっ でも私ってムラがあるしけっこう浪費癖もあるし…大丈夫か自分って感じ…
そういう人は年収の5～6倍を貯蓄額としておけばけっこう十分よ
5～6倍…
よし！
私はそっちを目標にしよう！

STEP 1

本当はいくら必要？ 老後資金の計算方法

老後にいくらあると安心なのか、気になるもの。年金でまかなう生活費以外にどれくらいの費用が必要なのか、きちんと計算しましょう。

生活費以外に必要な かくれ出費の額を まずは知っておこう

生活費は年金の範囲内でまかなうとしても、それ以外に固定資産税や冠婚葬祭費など年単位でまとまった出費が発生します。こういった「かくれ出費」がどれだけあるのかをまず今の生活から洗い出してみましょう。

かくれ出費×平均余命 まずはその額を目標に 貯蓄計画を立てて

左ページの表に自分のかくれ出費を書き込んで総額を出し、それに年間の家計の赤字や医療費などを足して退職後の余命をかけたものが老後に備える貯蓄の目標額。かくれ出費が年によって大きく変動する人や、金額が把握できない人は、年収の5～6倍を目標にしましょう。

退職後に必要な老後資金の計算方法

かくれ出費 × 平均余命（退職後） ＝ 老後資金の貯蓄目標額

※次ページ参照

もしくは

年 収 × 5～6 ＝ 老後資金の貯蓄目標額

かくれ出費の主な項目

● 高額な被服費

冠婚葬祭、同窓会など改まった席に出席するときの服や、スーツやコート、ブーツなど、値が張るものを新調する費用。

- スーツ・コートなどの高額衣料費

● 住宅費

毎年必要なのは固定資産税や都市計画税。リフォームや修繕費は、一戸建てだけでなくマンションの場合も備えが必要。

- 固定資産税（家を購入した人）
- リフォーム修繕費

● 車関係費

毎年かかる料金関係や自動車保険料だけでなく、車検代や修理代、買い替えが必要ならその費用も見積もっておきたい。

- 自動車税
- 車検代

● イベント・娯楽費

付き合いの幅がどこまでになるのかも考えて算出を。旅行やレジャーなど暮らしの潤いになる支出も確保したいもの。

- 冠婚葬祭費
- 旅行費・レジャー用
- 1万円を超えるプレゼント代

● 大きな買い物・買い替え

家電やスマホ、パソコンなどは定年後もずっと同じ物を使い続けられるとは限らないので、やはり買い替え予算が必要に。

- パソコン
- 携帯電話
- スマホの購入費
- 家具・家電買い替え

かくれ出費とは

毎月決まって必要な生活費以外に、年に1度または数年に1度必要になる出費。現役時代はボーナスや貯金から出せても、年金暮らしになるとボーナスがなくなり貯蓄も増えないのでその分、老後資金が必要に。

老後資金の貯蓄目標額を計算してみよう

下の表に挙げたものが「かくれ出費」の代表。だいたい年に5万円以上出費するものを書き入れて。総額が多すぎる場合はイベント・娯楽費用などを見直しましょう。

支出内容		金額
イベント・娯楽費	冠婚葬祭費	円
	旅行費	円
	帰省費	円
	その他イベント費	円
大きな買い物・買い替え	パソコン・携帯電話・スマホの購入費	円
	家具・家電の買い替え	円
小計		円

＋

支出内容		金額
被服費	スーツ・コートなどの高額衣料費	円
住宅費用	固定資産税（持ち家の人）	円
	リフォーム修繕費（持ち家の人）	円
車関係費	自動車税	円
	車検代	円
その他		円
		円
小計		円

年間のかくれ出費	合計 円

★主な年齢の平均余命（2014年版）　参考：厚生労働省

年齢（歳）	30	35	40	45	50	55	60	65	70
男性の平均余命（年）	50.93	46.09	41.29	36.55	31.29	27.44	23.14	19.08	15.28
女性の平均余命（年）	57.09	52.19	47.32	42.49	37.74	33.07	28.47	23.97	19.57

{ 年間のかくれ出費 [　　円] ＋ ※年間の生活費の赤字 [　　円] } × 推定余命（定年退職後）[　　年] ＋ 医療費などの備え [　　円] ＝ 老後資金の貯蓄目標額 [　　円]

※P76～77でわかった生活費の月ごとのマイナス分に12カ月をかけた金額をここに記入しましょう。

貯蓄？ 投資？

老後資金はどうやって貯める？

まあ、先生
ケーキでも
どうぞ
いくよさんもね
あら♥
ありがとう
わーい
年収の5〜6倍だとしても
私の場合
年収280万円×5倍
=1400万円
コポコポ
1400万円って
貯蓄200万円しかないのに……
どうしよう…

先生！ ここは一発
投資でど〜んと貯蓄を
増やせませんかね？
ヒヒヒ
う〜ん
投資はリスクが
つきものでしょ？
おふたりはまだ
老後まで時間が
あるからまずは
地道に貯める
ことから
始めたら？
地道にスか

例えば、毎月2万円の貯蓄に10%分上乗せして2万2000円を貯めていけば
2万円
24万円
+利息
1年後に26万4000円+利息になって
2万2000円
26万4000円
+利息
2万円のときに比べて2万4000円も貯蓄額がアップしているのよ
おー!!
10年後なら240万円+利息が
10年後
240万円+利息
264万円+利息になるの
264万円+利息
これなら確実ですね!!
1000円単位なら生活費から無理なく貯蓄できそうでしょう?
まさにコツコツ地道にですね
あとは、老後資金と決めた貯蓄を切り崩さないように定期預金にするなどして使わないようにするのもポイントね
ぐぁ～～
私つい使っちゃうから気をつけないとー

どこに老後資金を預けるかも重要よ
どこに預けても同じじゃないんですか!?
確かに定期預金でも0．025％とかの金利ですからね～
ネット銀行や地方銀行は金利が高い場合もあるので調べてみるといいわよ
銀行によって差があるのね
PC
あっ、ここ金利0．35％だよ
PC
宝くじがもらえる預金もある～おもしろ～い♥
PC

ここで注意したいのがキャンペーン期間のみ金利が高い場合よ
へ？なんで？
キャンペーンが終了すると通常の金利に戻るけど
また預け先を変えたりするのは面倒でしょう？
確かにそりゃ面倒
年間を通じて有利な金利の銀行を選んでね♪
よ～し手分けして検索よ!!
PC
スマホ
みてみてここよくない？
や、だからここは泉質が…
ぴく
せんしつ？
アンチエイジングの湯ってのがあるよ
いいね
いつのまにか温泉の検索しちゃっているのね。あ～あ
PC

STEP 1

今からコツコツ始める！ 老後資金の貯め方

毎月コツコツと無理のない金額を貯めるのが、確実な貯蓄の増やし方。月の貯蓄額を10％上乗せすることを目標に貯めていきましょう。

毎月の貯蓄目標 手取り月収の10％に 少しの上乗せを

毎月決まった額を貯めるのが貯蓄の基本。月収の10％、20万円の手取りなら月2万円ずつを貯蓄に回して。その上で月の貯蓄額に10％上乗せできるようにすれば無理なく老後資金を増やせます。

老後のための貯蓄は 切り崩さないのが原則 2種類に分けて管理を

老後のための貯金を他の目的で切り崩してしまっては意味がありません。税金や保険料、旅行など近いうちに使う予定のものに備える貯金は、老後貯蓄など切り崩してはいけないものとは別に管理すること。また、使う時期に合わせて貯蓄を分ける、有利な預け先を選ぶなど工夫しましょう。

貯め方1 10％上乗せ貯蓄する

老後資金を少しでも増やしたいなら投資や運用のようにリスクがあるものより、月々の貯蓄額を10％増やすのが確実。左図のようにまずは2000円の上乗せからなんとか捻出してみよう。

毎月 2万円貯蓄
→ 10％上乗せして ＋2000円貯蓄する → 毎月 2万2000円貯蓄

↓ 1年後

24万円＋利息
→ 1年後の貯蓄が 2万4000円UP → 26万4000円＋利息

↓ 10年後

240万円＋利息
→ 10年後の貯蓄が 24万円UP → 264万円＋利息

貯め方2 ストック貯蓄をプール貯蓄と分ける

老後資金や住宅購入資金など将来の目的のための「ストック貯蓄」と旅行や家電の買い替えなど近いうちに使う「プール貯蓄」は分けて管理を。貯めておくべき貯蓄を崩さずに済みます。

ストック貯蓄

老後資金や住宅購入のためなど、将来の目的に備えて貯める貯蓄。定期預金や利率の高い預け先などに入れて引き出さないように。

↓

定期預金などで管理する

プール貯蓄

1～2年以内に使う予定があるものや、冠婚葬祭などの臨時出費のために備えるもの。普通預金など引き出しやすい口座で貯めておく。

↓

引き出しやすい口座で管理する

貯め方3

使う時期に合わせて貯蓄を分けて運用先を決める

いつ頃何をしたいかがある程度わかっているなら、時期別の貯蓄もおすすめ。将来設計を考えるのにも役立ちそう。面倒くさくならないようにまずは給与振込の銀行で口座を3つに分けて。

	使う時期	目的	預け先
短期資金	1年以内	冠婚葬祭、家電が壊れた、引っ越ししたいなど急にお金が必要になったときのための資金。生活費の3～6カ月分程度は貯めておきたい。	生活費に使っている普通口座とは別にするのが鉄則。預けやすく引き出しやすく、残高に応じて金利が上がる貯蓄預金などがおすすめ。
中期資金	2～3年	2～3年のうちに予定している海外旅行や資格を取るために学校に通うときの費用など、楽しみや自分への投資のための資金。	確実に貯められて、元本割れしないなど安全性が高い預け先に。目的の時期に合わせた短期積立定期預金で確実に貯めていこう。
長期資金	5～10年	老後のための資金がこれ。元本割れのない国債などを購入しても。一部は株や投資信託、外貨預金などで運用を考えてもOK。	財形年金貯蓄の制度が会社にあればまずは利用を。なければ定期預金に加えて、国債や税制上の優遇措置がある確定拠出年金に。

貯め方4

有利な預け先を選ぶ

低金利時代ではあるけれど、一般の都市銀行より金利が高いネット銀行もあるので、すぐに使う予定がない貯金を預けるサブバンクとして利用しては？

地方銀行のネット支店

金利が高めなだけでなく、飛行機のマイルや宝くじがもらえる定期預金も。地方銀行でも入出金はコンビニや提携金融機関を利用可能。

注意するポイント

地方銀行に限らないが、金利が高いのはキャンペーン期間だけということも。終了後に預け先を変えるのも面倒なので注意。

ネット銀行の定期預金

ネット銀行には、通常の銀行より金利がよいところがいくつも。またネット専用銀行のほうが金利が高めに設定されていることが多い。

注意するポイント

出入金に手数料がかかることもあるのでチェックを。通帳がないので、万が一の場合に備えて安全な場所にメモを保管して。

お楽しみ付き定期

宝くじやギフトの抽選など、金利にプラスして楽しみが付く定期預金。もちろん金利は付くので、ワクワク気分が味わえる分オトクに。

注意するポイント

インターネット支店限定や、預け入れ金額が100万、300万などある程度まとまらないと預金できないものもあるので確認を。

ネット銀行って何？

取引はすべてインターネットを介して行う。通常の銀行同様、元本1000万円までとその利息は保護される。パスワード流出防止などセキュリティには十分注意。

使えるATM

ネット銀行によって異なるが、出入金の際は、提携銀行やゆうちょ銀行、コンビニなどのATMが利用できる。

手数料

コンビニATMの手数料が一切無料、月○回まで無料、○万円以上なら無料など銀行によって異なる。金利だけでなく手数料も確認を。

STEP 2

注目のサービスを紹介！ネット銀行・ネット支店

金利やサービス面で一般の銀行よりオトクなのがネット銀行やネット支店。条件や特徴はさまざまなので、使いやすいところを選びましょう。

選ぶときのポイント

❶ 長期的に貯めるお金はなるべく金利が高いもの

将来に備えるための貯蓄は、できるだけ金利の高いところに預けておきたいもの。ネット銀行の定期預金だと、例えば一般銀行が３年定期0.03%のところ0.30%など、かなり高めの設定に。

❷ あちこちに口座を作り過ぎないよう条件をよく確認

キャンペーン商品などでより高い金利のものを見つけたときは、期間限定などの条件がないかチェック。金利が変わるたびに預け先を変えたり、条件にひかれていくつも口座を作ると管理も大変。

❸ セキュリティ面に十分注意して管理と設定を

パスワードは割り出されにくいものにして定期的に変更し、使い回さない。ウィルス対策を万全にする。フィッシング詐欺に気をつける。このような基本をきちんと守り、不正利用による被害を防いで。

ネット銀行

住信SBIネット銀行

特徴

海外旅行、住宅購入資金などの目的別に期間・目標金額を設定できる目的別口座が５つまで作れる。それぞれに達成率が表示されるので、どこまで貯まったかが一目でわかる。円定期預金の利率は100万円未満、５年もので0.10%。イオン銀行、セブン銀行なら出入金の手数料はすべて無料。

問 https://www.netbk.co.jp/wpl/NBGate/i010002CT

楽天銀行

特徴

円定期は1,000円以上100万円未満なら5年もので金利0.22%。毎月自動で積立購入できる円定期は、ボーナス月など指定月だけの増額設定も可能。満期が指定できず中途解約もできないが、満期が延長されるたびに金利がアップし、10年目に1.80%（税引前）になるエクステ預金（ステップアップ）も。

問 http://www.rakuten-bank.co.jp/

イオン銀行

特徴

イオン銀行ATMなら365日24時間手数料が無料。キャッシュカード、クレジットカード、WAON（電子マネー）の機能・特典が一体になった「イオンカードセレクト」利用で普通預金金利の上乗せも。利用に応じたステージにより、月末の定期預金の残高100万円以上でポイントプレゼントも。

問 http://www.aeonbank.co.jp/

ソニー銀行

特徴

円定期は１万円以上で1年ものが金利0.12%、10年で0.27%。一度設定すれば、他の金融機関から手数料無料で自動入金できる「おまかせ入金サービス」も。セブン銀行、イオン銀行ATMなら出入金手数料が24時間何度でも無料。目標ごとにわけて貯金ができる「ほしいもの貯金箱」もある。

問 http://moneykit.net/

お楽しみ付き

スルガ銀行

特徴

ユニークな特典付き定期預金を多数提供。中でもこれまで11人の億万長者が誕生しているという「ジャンボ宝くじ付き定期預金」は同社のヒット商品。例えば300万円を預けると通常の利息に加え、毎年30枚(年３回各10枚)の宝くじが自宅に届く。定期預金の堅実さと当たれば億万長者という夢が魅力。

問 http://www.surugabank.co.jp/dream/

ネット支店

愛媛銀行 四国八十八カ所支店

特徴

1人100万円限定で1年ものの「だんだん定期預金」は金利0.40%。1口100万円からでJALのマイルももらえる「マイルプラス定期預金」は1年もので金利0.32%。１万円から預けられ、６カ月～5年と期間が選べる「四国八十八ヶ所支店定期預金」は300万円未満の3年ものが金利0.35%。

問 http://www.himegin.co.jp/88/

北都銀行 あきたびじん支店

特徴

インターネット支店の「あきたびじん支店」には、秋田県・秋田県内の市町村へ2000円以上のふるさと納税を1年以内に行うと、1年もの定期預金の金利が0.5%になる「ふるさと納税特別定期」がある。通常のあきたびじん支店専用定期の金利は１年、３年、５年ともに金利0.2%。

問 http://www.hokutobank.co.jp/akitabizinbranch/index.htm

トマト銀行 ももたろう支店

特徴

「スペシャルきびだんご定期預金」は１万円以上100万円まで、1年もののみで金利0.40%。通常の「きびだんご定期預金」は限度額がなく、例えば、300万円未満の5年ものが金利0.35%。セブン銀行、ゆうちょ銀行、イーネット、ローソンATMでの平日(8:45～18:00)入出金手数料は無料。

問 https://www.tomatobank.co.jp/momotaro/index.html

香川銀行 セルフうどん支店

特徴

宝くじ付きの「宝くじトッピング定期預金」の他、1人100万円を限度に1年ものの金利が0.40%の「超金利トッピング定期預金」や、限度額がなく、300万円未満なら５年で0.35%の「金利トッピング定期預金」がある。セブン銀行などの提携銀行でのATM出入金手数料は平日はほぼ無料。

問 http://www.kagawabank.co.jp/udon/index.html

※金利は年利・税引前のもの（2015 年 6 月5日現在)。利息に対して 20.315%（国税 15.315%（復興特別所得税を含む)、地方税 5%）の税率により源泉徴収される。満期日以降の利率については、各銀行に確認を。

※ 2015年6月５日時点での商品内容です。変更される場合があるので各銀行に問い合わせを。

個人向け国債　投資信託　etc.

投資をするならどうしたらいい？

まあ まずは 低リスク 商品から 始めてね
例えば どんな？
個人向けの国債なら 元本割れがなく 最低1万円から 購入できて
1万円から
決められた利率で年2回の 利息がもらえますよ
元本割れがないのは 安心ですね～ それなら私も やっちゃおう かな～♪
ただ固定金利のものは ネット銀行の 定期預金と 変わらない かも
なーんだ…
せっかく 投資するなら 金利が高い 方がいいん だけどな！
それなら **地方債や 社債**かなー
そんなの あるんですね!!

地方債は地方自治体が公共事業の財源を調達するために発行するもので
地方債
地方自治体
社債
企業
社債は企業が資金調達をするために発行するものよ
1万円からでもいいの?
それはできないわね
社債は金利は高いけど100万円などまとまった金額でしか購入できないの
100万円
他にもいろいろ条件が企業によって違うし
ぐぬぬ…
100万…
地方債は途中解約すると元本割れするリスクがあるわ
ノーリスクハイリターンっていう夢のような商品はないか…
ぱくっ

投資には
投資信託や
株式投資などいろいろな
商品がありますけど（P122参照）
カモーーーン
株式投資
投資信託
流行りだからやってみるとかは
考えない方がいいですね
証券会社の
窓口で聞いた方
がいい？
それも大事だけど
行く前に投資できるお金の
上限を決めておくことや
1. 投資できるお金の上限を決める
2. 自分で調べる
3. 大きなリターンを求めない
事前に自分で調べること
またあまり大きなリターンを
求めないことが大切ですね
安易な投資は
失敗に
終わっちゃう
かもですものね
利回りは
2〜3%ぐらいに
設定しておくと
リスクも少なくて
済みますよ
無理しない
こと！
は〜い

STEP 1

押さえておきたい！ 投資商品の基礎知識

低金利時代に投資商品の魅力は確かに大きいですが、リスクが伴うことも事実。賢く利用するためにも、自分が投資に回せる金額をきちんと把握して。

もうかるだけではない きちんとリスクを取れるか考えてから

定期預金の金利が0・030%程度という時代だからこそ、投資信託や株などで、大きく増やしたい気持ちになりますが、もうけが大きいものはリスクも高くなります。投資した額が半額になることもある覚悟を持てるか考えて。また、近々使う予定がない預金や余裕資金があることが投資の条件です。

目的のために貯めているお金や必要なお金は使わない

投資に回すお金は、極端にいえばなくても困らない、余裕資金で行うのが原則。また最初はリスクが少ない商品を選び、少額からスタートを。利回りもあまり欲張り過ぎず、定期預金より高めの設定のものから検討しましょう。

投資を始める条件

1. 年収の半分以上の貯蓄がある

リスクが発生する投資に回すのは、余裕資金。少なくとも生活費などに使う予定がない、年収の半分くらいの貯蓄があることが条件。

2. 近々使う予定のない預金がある

家賃の更新がある、住宅を購入する予定があるなど、近々使う予定のある資金は投資に使わないこと。使わない貯蓄の一部を回して。

3. 低リスク商品から始める

大きくお金が増える可能性のある商品はそれだけリスクも高く、初心者には不向き。リターンが少なくても最初は低リスクのもので。

選ぶときのポイント

❶ 目標はあまり高くし過ぎず少額からスタート

例えば年利6％で運用すると、10年後には元金が1.8倍近くに。しかしそれだけ高い利率のものは、当然ハイリスク。最初は現実的な目標で、失敗しても惜しくないと思う少額から。

❷ 商品の組み合わせや長期間投資などでリスクを分散する

元金が半分に減ってしまうことも十分考えられるのが投資商品。余裕資金で行うにしても、できるだけ複数の商品に分散したり、価格の変動リスクが少ない長期的な商品も含めて考えて。

❸ 運用初心者は定期預金より少し高めの利回りで

ある程度のリスクを背負うなら、預貯金と変わらない利率だと意味がない。運用初心者はまず預貯金金利より少し高めの年2～3％くらいを現実的な目標において始めましょう。

リスクが低い投資商品　国内債券

元本割れがない個人向け国債や、地方公共団体、企業が発行する債券は
運用商品の中では比較的低リスクで、預貯金よりも高い利息が付くのが魅力。

｛個人向け国債｝

国が発行する債券が国債。「個人向け国債」は元本割れがなく、１万円から1年単位で購入可能。満期と金利タイプが異なる３つの種類がある（下記参照）。ほぼ毎月発行されており、取り扱い金融機関で購入が可能。

メリット
元本割れがないのが最大のメリット。１万円単位の少額から購入でき半年ごとに年２回、利息がもらえる。

注意したいこと
固定金利のものはネット銀行の定期預金よりも利率が低いことも。低金利の今は変動金利タイプを検討したい。

★個人向けの国債の種類

種類	変動10年タイプ	固定５年タイプ	固定３年タイプ
期間	10年	５年	３年
金利タイプ	変動金利 半年ごとに見直す	固定金利　満期まで変わらない	
購入単位	１万円から１万円単位		
発行時期	毎月		
利払い	年２回		
中途解約	１年経過すればいつでも換金できる。中途解約の場合は直前２回分の各利子（税引前）相当額× 0.79685 が差し引かれる		

｛地方債｝

都道府県などの地方公共団体がライフラインの設備や建設事業の財源調達のために発行するもの。法律上、倒産することがないので満期まで持っていれば元本割れすることがない。利率も比較的高めのものが多い。

メリット
20年、30年債など長期の地方債の中には利率が１％を超えるものも。購入することで地域の応援にも繋がる。

注意したいこと
地方自治体が発行するので、購入窓口が地元の金融機関に限られていることも。中途解約すると元本割れリスクが。

｛社債｝

一般企業が資金を調達するために発行するもの。万が一企業が倒産するとお金が戻ってこないことも。社債購入の際は経営状態や将来性などをチェックして。

メリット
金利が高いのがメリット。株式のように価値が激しく変動せずリスクも低めなので、気軽に始められる。

注意したいこと
万が一企業が倒産するとお金が戻ってこないことも。社債購入の際は経営状態や将来性などをチェックして。

STEP 2

資金に余裕があるなら考えたい！ 投資商品の種類

生活資金や必要なお金が確保されていて、余裕資金があるのなら、預貯金や債券よりリターンが大きい投資商品にトライしましょう。

最初はあまり冒険せずNISAなど手頃なものから始めてみる

今まで投資の経験がないのなら、少額から始められて配当金や売却益が非課税のNISAからスタートしてみても。セミナーや相談会で勉強したり、証券会社や銀行の窓口で相談したりしてみましょう。

さまざまな種類がある投資商品から自分に合うものを

それぞれにメリット・デメリットがあるので、投資に回せる金額や目的などを考えて選びましょう。リスクがあるものなので、余裕資金で行うことが鉄則。最初は低リスクのものから始めて。

★NISAとは

利用できる人	20歳以上の日本国内居住者
口座開設	1人1口座
非課税対象	上場株式や株式投資信託などの配当金、売買益など
非課税投資額	新規投資額年間上限 100万円 ※2016年からは120万円
非課税期間	最長5年間
口座開設可能期間	10年間（2014年～2023年）

｛NISA（少額投資非課税制度）｝

2014年1月に始まったNISAは、株や株式投資信託などの配当金や売買益が、本来なら20％課税のところ非課税になる制度。年間100万円まで投資可能で、商品によっては1万円以内の少額からできるものも。非課税期間は5年なので、最大で5年分の非課税枠を利用可能。証券会社や銀行でNISA口座を開く必要がある。

注意したいこと　NISA口座を開設できるのは1人につき1口座のみ。また非課税になるのはNISA口座を通じて新規に買った商品だけで、他の口座との損益通算もできない。

＼口座開設の流れ／

口座の開設を金融機関（証券会社・銀行）に申し込む同時に必要書類（住民票など）を提出する

証券会社・銀行によって購入できる投資商品が違う。手数料もそれぞれで違うので確認を。

←

金融機関が「非課税適用確認書」の申請手続きを行う

1人1口座しか開設できないため、口座の重複がないか証券会社・銀行が税務署に確認。

← 2～3週間

税務署が「非課税適用確認書」を交付する

税務署で重複がないか確認が完了すると、「確認書」が証券会社・銀行に交付される。

←

NISAの口座が開設

確認書の交付後、証券会社や銀行がNISA口座を開設。これで商品購入ができるように。

投資信託のしくみ

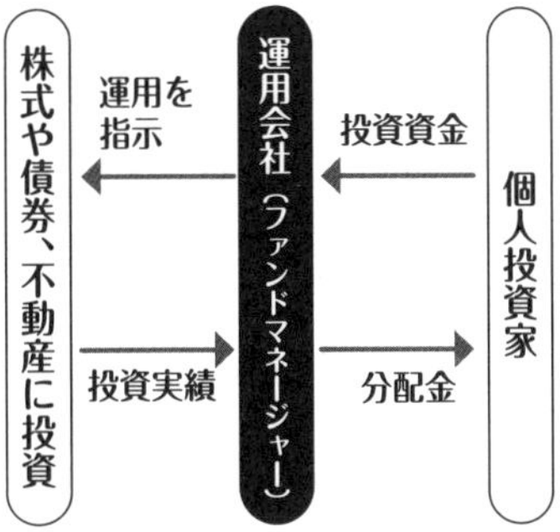

{ 投資信託 }

投資家から集めた資金を運用の専門家が株や債券などに投資して運用する商品が投資信託。市場動向などで変動するので、大きな利益が得られることもあれば損をすることも。リスクやリターンは商品によって異なる。１万円の少額から購入できるものが多い。また運用で得られた収益の一部は、決算ごとに「分配金」として支払われる。

注意したいこと

元本保証はないので損をすることも。購入の際に販売手数料、運用期間中は信託報酬が必要。その他にもさまざま手数料が発生することがあるので注意。

{ 金(ゴールド投資) }

金は世界中で通用する資産。金そのものは利息を生み出さないが、市場で取引きされ価格は上下する。長期的に見ると価格が安定し、インフレにも強いといわれる金は、値動きで利益を出すというより将来的に財産を守る手段の一つとして利用を。「金地金」「金貨・コイン」「純金積立」などがあり、「純金積立」なら月々少額から始められる。

注意したいこと

どの投資方法も手数料が必要になる。利子や配当金はなく、価格は為替の影響も受ける。また現物を購入した場合、保管の手間も。

{ 外貨投資 }

日本円ではなく外貨で運用するのが外貨投資。商品はいくつもあるが、身近なのは外貨預金。取り扱い通貨や銀行によって為替手数料や金利も異なり、円預金より金利が高いものも多い。外貨建てMMFは投資信託の一種。自由に解約でき、利回りも高め。こちらも為替手数料が必要。預入時より円安が進行すれば為替による差益も期待できる。

注意したいこと

どちらも為替変動リスクがある。外貨預金は※ペイオフの対象外なので銀行が破綻すると預金を失う可能性も。外貨MMFは元本保証がないことも心得て。

{ 株式投資 }

上場している企業の株式を売買するのが株式投資。ハイリターンが期待できるが、その分リスクも高い。売却で得られる値上がり益のほか、配当金や株主優待なども期待できる。購入は証券会社を通じて、購入金額は株価に最低必要な株式数をかけたものから。この株式数は企業によって異なる。株式を購入するときは企業の業績も調べて。

注意したいこと

購入時と売却時には手数料が必要。手数料は証券会社によって異なる。売買ができる時間も決まっている。値下がりのリスクも高いので、複数の株に分散を。

※ペイオフとは金融機関破綻時に一定額まで預金が保護される制度

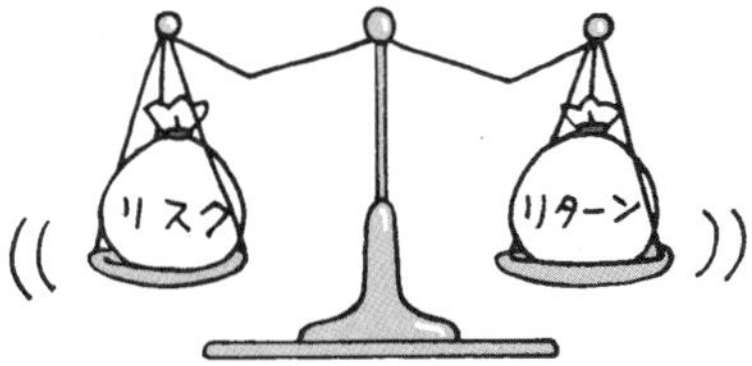

計画シート

2章で整理したライフプランや
家計バランスを元に老後に必要な資金を
把握しましょう。運用や投資はまとまった
お金が貯まってから始めて。

● 預貯金の管理

金融機関名		
支店名		
口座の種類	普通（　　　　　　） 定期（　　　　　　）	普通（　　　　　　） 定期（　　　　　　）
満期の有無	あり（　／　）　なし	あり（　／　）　なし
毎月の 貯蓄額		
満期後の 予想貯蓄額		

● 投資について

金融機関名			
商品の種類	国債・投資信託・株式・外貨・金・その他（　　　　　　）		
現在高 （年／月）	円（　／　）	円（　／　）	円（　／　）
	円（　／　）	円（　／　）	円（　／　）
	円（　／　）	円（　／　）	円（　／　）

金融機関名			
商品の種類	国債・投資信託・株式・外貨・金・その他（　　　　　　）		
現在高 （年／月）	円（　／　）	円（　／　）	円（　／　）
	円（　／　）	円（　／　）	円（　／　）
	円（　／　）	円（　／　）	円（　／　）

今から備える老後資金！

● 老後資金の貯蓄目標額

★老後にかかるかくれ出費

年間かくれ出費　円 × 平均余命（退職後）　年 ＝ Ⓐ　円

●イベント・娯楽費
冠婚葬祭費
旅行費
帰省費・イベント費・その他

●大きな買い物・買い替え
パソコン・携帯電話の購入費
家具・家電の買い替え

●被服費
スーツ・コートなどの高額衣料費

●住宅費用
固定資産税（持ち家の人）
リフォーム修繕費（持ち家の人）

●車関係費
自動車税
車検代

★家計の赤字分について

毎月の赤字　円 × 12カ月 ＝ 年間の家計の赤字　円

年間の家計の赤字　円 × 平均余命（退職後）　年 ＝ Ⓑ　円

Ⓐ　円 ＋ Ⓑ　円 ＝ ＼老後資金の貯蓄目標額／　円

★老後資金の運用

	目的	預け先
短期資金		
中期資金		
長期資金		

税金の控除で賢く老後資金を守る

ふるさと納税をやってみよう

貯蓄額を増やしたり、投資することで老後資金を確保することは大切ですが、
一方で税金など誰もが支払わなくてならないお金もあります。同じ支払うなら
自分に納得したことに払うなどメリットがあるものを選択して賢くお金を使いましょう。

ふるさと納税とは

納税者が自治体に寄附する制度。寄附額のうち2000円を超える部分については一定の上限まで原則として所得税・住民税が控除されます。年収300万円の人が２万円寄附した場合は１万8000円が控除額になります（年収や家族構成によって控除額は異なります）。控除を受けるには原則ふるさと納税をした翌年に確定申告を行う必要があります。

控除外	控除額		
適用下限額2000円	所得税の控除額 （ふるさと納税額－2000円）×所得税率	住民税の控除額（基本分） （ふるさと納税額－2000円）×住民税率（10％）	住民税の控除額（特例分） 住民税所得割額の２割を限度

★手続き方法

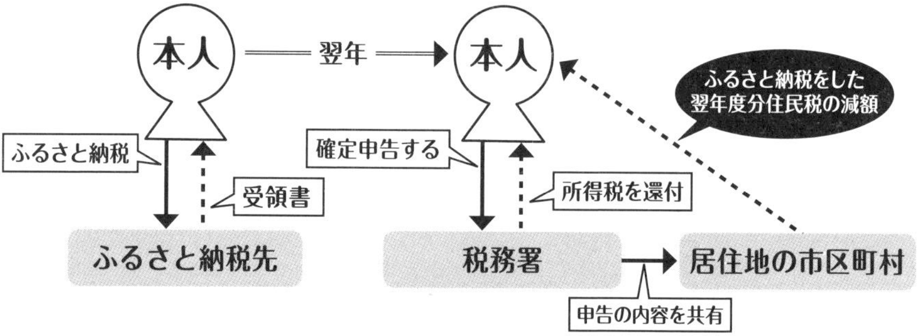

耳寄り情報

手続きが簡素化 ふるさと納税ワンストップ特例制度

確定申告をする必要のない給与所得者がふるさと納税を行う場合、５団体以内のふるさと納税なら確定申告を行わなくても控除が受けられます。その際は、ふるさと納税の団体に特例の適用に関する申請書を提出することがポイントです。

メリット②

お金の使い道を自分で選択できる

ほとんどの自治体で寄附金の使い道を選べるようになっているので、自分が払ったお金が何に使われたのかわかります。また生まれ故郷でなくても寄附できるので、自分が応援したい地域に寄附してもＯＫ。複数の自治体にも寄附できます。

メリット①

ふるさと納税をすると自治体からお礼をもらえる

ふるさと納税をするとその自治体から地域の特産品などのお礼がもらえます。寄附金額によって内容が変わりますが、なかなか手に入らないその土地のものを楽しめるなどメリットが。

第4章 親の介護と相続の問題に備えておこう

介護保険

介護にかかるお金

etc.

親の介護はどうする？

プツ…
はぁ～
母さん
ふ～私も45歳だし
親もいい歳だからなぁ…
心配…
ひとりっ子だし親の介護や
最期のことは全部私が
しないといけないんだよな…
いかんいかん
なんか
ブルーに
なってきた
マスターの店に
息抜きでも
行くか～
しゅるん
とぼとぼ
カランコロン
いらっしゃいませ
マスター特製
のコーヒーね
わーソーセージ
作ってんだ～
どうしたの？
なんか今日
暗いね
あれ？
のぞみもいたの

さっき親から電話かかってきてさ～
自分の老後も心配だけど親のことも心配だなあって
うちの母はこないだぎっくり腰で大変だったのよ
うっ
弟と交代で世話に行ったの
そう 大変だったね～
今後親の介護が必要になったらどうしたらいいのかなあ?
そのときに備えて将来的に親の介護をどうするか今からご家族と話し合ったほうがいいですね
介護費用とか不足しないか心配だわ
元気 元気ー
でもまだ元気なうちに介護の話とかしにくいし～
カランコロン♪
いらっしゃいませ～
あっ

※平成27年8月から所得によって1割または2割負担に。

例えば、週1回程度の訪問介護が受けられる〈要支援1〉なら支給限度額は5万30円めいっぱい使えば自己負担1割なら5003円ということよ
要支援1
要支援2
要介護1
要介護2
要介護3
要介護4
要介護5
軽
重
要介護度と受けられるサービスについてはP137を参考にしてね
公的介護保険が使えるのはわかったけど親と介護の話はしにくいな〜
まだまだボケたりせん!!
老人扱いするな
そうね〜
ただ介護が必要になってから施設を探したりプランを考えたりするのでは遅すぎるのよ
私の母のときも母が望んでいた施設に空きがなく大変でしたよ
母は泣くし施設は見つからないしもう店を閉めるしかないと…
ぐっすん…
マスターも大変だったのね

親が元気なうちに親の希望を確認して
一緒に介護施設などの見学に行くほうがいいわね
フムフム
でも先生自宅で介護したいときは？
お金の問題もあるし…施設って高いイメージが…
自宅のほうが施設より費用がかからないと思いがちだけどそうでもないのよ
そうなんですか？
結局上乗せ分の介護サービスが必要になったり自宅の改装が必要になったりして必ずしも安上がりとはいえないわよ
もちろん介護にかかる時間も手間も不可欠なのでそこは冷静になって
訪問介護
こんにちはー
介護リフォーム
きちんと介護のしくみを勉強して備えます！
ガリッ

STEP 1

知っておきたい！
公的介護保険の基礎知識

親に介護が必要になったら、真っ先に直面するのがお金の問題。そんなときに強い味方になってくれる、公的介護保険のしくみを知っておきましょう。

サービスを受けるまでどんな手続きが必要かまず理解しておく

親に介護が必要になったときに助けになる介護保険サービス。利用できるまでにはさまざまな手続きが必要で時間もかかります。きちんとしくみを理解しておきましょう。

いざというときに備え親の住む自治体のサービスを確認

公的介護保険のしくみは全国同じですが、自治体独自の介護サービスには違いがあります。どんなサービスが受けられるかは事前に調べておきましょう。

公的介護保険とは

40歳以上の人が加入して介護保険料を納め、介護が必要になったときにサービスが受けられる制度。65歳以上は第1号被保険者となり、要介護状態と認定されるとサービスが受けられます。

ポイント

1. 要介護サービスを受けるために認定が必要

市区町村の認定を受けて初めて介護サービスが受けられる。主治医（いない場合は市区町村の指定医）の意見書も必要に。結果は原則30日以内に出る。

2. 介護度によって利用できるサービスが異なる

介護認定は介護を受ける人の状態によって７段階に分けられる。どんなサービスがどれだけの回数受けられるか、また支給限度額も段階によって異なる。

3. 親が住む自治体によってサービスが異なる

高齢者サービスも自治体によりけり。介護用品の支給や購入費の助成があったり、介護保険の支給限度額を上回る額が限度額に設定されていたりなども。

おひとりさまの親の介護についての心構え

❶ 自宅介護にこだわらない

自宅介護の場合、介護を担う人が必要になり、その人の負担が非常に重くなってしまう。助ける人なしの自宅介護はコストがかさむことも。自宅にこだわり過ぎず、施設も検討して。

❷ 親の予算内で収まる介護プランを立てる

介護はいつまで続くかわからない。自分に余裕があるなら仕送りも続けられるが、そうでなければ自分の老後が不安にならないよう、基本的に親の持つ資金内で行える介護プランを立てて。

❸ 要介護になる前に施設などを見学しておく

介護が必要な状態になってからあわてて探しても、満足のいく施設に空きがあるとは限らない。元気なうちに親子で見学に行き「ここなら」と思えるところをいくつか見つけておきたい。

公的介護サービスを受けるまでのダンドリ

介護サービス認定を受けるまでにはいくつかの手続きが必要に。
スムーズにサービスが受けられるよう、流れを確認しましょう。

❶ 居住している市区町村の窓口で要介護認定を申請する

必要なもの
- □ 介護保険要介護認定書
  （市区町村の介護保険窓口、地域包括支援センターでもらえる。市区町村のホームページからダウンロードできることも）
- □ 介護保険被保険証（65 歳以上の場合）
- □ 医療保険被保険証（65 歳未満の場合）

↓

❷ 市区町村の調査員が心身の状態確認のため認定調査
市区町村が主治医に意見書を依頼する

調査員が自宅や施設などを訪問し聞き取り調査などを実施。また主治医（いない場合は指定医）に医学的な意見を求める意見書も依頼。

↓

❸ コンピューターによる一次審査

↓

❹ 主治医意見書に基づき、介護審査会により要介護の二次審査

↓

❺ 認定の結果が通知される（申請から原則30日以内）

↓

認定後

認定後、介護（介護予防）サービスを利用するのに必要な介護（介護予防）ケアプランが作成され、それに基づいて利用が始まる。

要介護1～5の場合

在宅のサービスを利用

居宅介護支援事業者にケアプランの作成を依頼

↓

介護給付サービス

施設のサービスを利用

施設の介護支援専門員にケアプランの作成を依頼

↓

介護給付サービス

要支援1・2の場合

地域包括支援センターでケアマネージャーと共にケアプランを作成

↓

予防給付サービス

非該当（自立）

将来的に要支援、要介護になりそうな場合は、地域包括支援センターに相談をしよう

備えておきたい！介護の費用

STEP 2

介護費用がどの程度かかるかは、介護状態によっても、
自宅か施設かによっても異なり、かなり個人差があります。
おおよその目安を知って、ある程度の心積もりを。

どんなサービスにいくらかかるかを把握しておく

公的介護保険の支給限度額内でどんなサービスが何回くらい受けられるのかを調べておきましょう。上限を超えた分や、保険適用外のサービスは全額自己負担になるので、注意が必要。

親がどれくらいまで負担できるのかもできれば聞いておく

支給限度額を超えた分は10割負担になり介護費用も一気に増えます。介護プランは親の用意した資金内でが原則といっても、親に資金がなければ話になりません。介護が必要になった場合、親がどこまで費用を準備しているのかも確認しておきましょう。

介護にかかる費用

介護サービスの限度内なら自己負担額は１割または２割で済むが、
それ以外は全額負担。おむつ代、衣類、医療費なども必要に。

介護サービスの自己負担分 ＋ 支給限度額を超えたサービス分 ＋ おむつ、衣類代など ＝ 在宅介護費用

要介護度別支給限度額と自己負担額

要介護の区分によって、受けられるサービスや支給限度額が異なる。
認定期間内に状態が変化した場合は、区分の見直し申請も可能。

要介護区分	支給限度額（1カ月）	自己負担限度額（1割）	自己負担限度額（2割）
要支援 1	5万30円	5003円	1万6円
要支援 2	10万4730円	1万473円	2万946円
要介護 1	16万6920円	1万6692円	3万3384円
要介護 2	19万6160円	1万9616円	3万9232円
要介護 3	26万9310円	2万6931円	5万3862円
要介護 4	30万8060円	3万806円	6万1612円
要介護 5	36万650円	3万6065円	7万2130円

※ 2015年8月から所得に応じて１割または２割負担になる。

要介護状態の区分

要介護の区分によって、受けられるサービスや支給限度額が異なる。
認定期間内に状態が変化した場合は、区分の見直し申請も可能。

要介護区分	状態
非該当（自立）	介護が必要と認められない人
要支援 1	基本的な日常生活はほぼ自分でできるが、支援が必要な人
要支援 2	要支援1よりわずかに日常生活を行う能力が低下し、何らかの支援が必要な人
要介護 1	排泄・入浴・着替えなど身の回りの世話に部分的な介助が必要な人
要介護 2	排泄・入浴・着替えなど身の回りの世話に軽度の介助が必要な人
要介護 3	排泄・入浴・着替えなど身の回りの世話に中度の介助が必要な人
要介護 4	排泄・入浴・着替えなど身の回りの世話に全介助が必要な人
要介護 5	生活の全般にわたり全面的な介助が必要な人

介護度別介護サービスの種類

介護の必要度が高まると受けられるサービスの種類も増える。
内容や種類は変更される可能性も高いので、常に最新情報をチェックして。

要支援1・2　予防給付サービス

介護予防サービス

- 週１回程度の訪問介護※
（ホームヘルパーサービス）
- 浴槽を自宅に運び込んでの入浴サービス
- 自宅療養している人を看護師などが定期的に訪問
- デイサービス事業所に通所
- 家庭の介護が一時困難になったときなどに福祉施設に短期間滞在
（ショートステイ）

地域密着型介護予防サービス

- 主に軽度認知症の人が家庭的な雰囲気で共同生活をしたり、デイサービス施設などに通所したりする

※訪問介護と通所介護の要支援者向けサービスは 2015年4月以降順次、厚生労働省から地域支援事業に移行する予定。

要介護1〜5　介護給付サービス

居住サービス

- 週１回程度の訪問介護
（ホームヘルパーサービス）
- 浴槽を自宅に運び込んでの入浴サービス
- 自宅療養している人を看護師などが定期的に訪問
- デイサービス事業所に通所
- 家庭の介護が一時困難になったときなどに福祉施設に短期間滞在（ショートステイ）

施設サービス

- 介護の必要度により、特別養護老人ホーム、介護老人保健施設、介護療養型医療施設の３種類に分かれて利用

地域密着型サービス

- 主に認知症の人が家庭的な雰囲気で共同生活をするなど、特養やグループホームなどの共有スペースを活用して受けるサービス

相続税・贈与税

親からの相続問題はどうしたらいい？

やだぁ～先生!!
それこそ私たち小市民には関係ないわよ
それが実は税制改革で相続税の基礎控除額が大幅に減額されてしまって
3000万円＋600万円×法定相続人＝基礎控除額
じゃん!!
になったの
え～っとよくわかりません
基礎控除額というのは相続する財産がこの金額以下なら相続税を申告する必要がないという金額よ
それが減額されたってことは… つまり…?
まさか今までは非課税で済んだ相続に
相続税が課せられるケースが出てきたということ!?

そのとおり!! だから親の財産についてきちんと把握したほうがいいわね 具体的な控除額の計算はP144を参照してね
ボロッ…
まさかあの実家に相続税がかかるなんて…
そんな人のためにあるのが『小規模宅地の評価減の特例』
何ですか？それ？
330㎡までの宅地について一定の条件のもと相続財産として評価する際
80%の減額をしてくれる制度なの
330m²まで
80% OFF!
例えば8000万円の不動産価値の家に住んでいた人が亡くなったとき
8000万円
80%OFF
8000万円 ×0.2 (80%減額) =1600万円
330m²
条件が合えばその不動産は1600万円の評価を元に相続税が計算されるということ？

父
相続
母
80%減額の特例適用
そのとおり!!
では、その条件とは？
まずお父様が亡くなって
お母様が相続するときは
80％減額の特例を適用
されるけど
うん
うん
その家に同居していなかった
のぞみさんとお母様とで
財産を分け合えば
のぞみさんの分は特例は
適用されないわ
母80%減額
特例適用
同居しない
のぞみ
特例
適用
なし
が〜ん
亡くなった
人と同じ家に
住んでいた人が
自宅を失わずに
済むための制度なわけ
このケースでは相続税を
回避するために、ひとまず
お母様が家を相続する
形が多いわね
う〜ん
なるほど

次の問題は、お母様が亡くなった後、のぞみさんと弟さんに相続が発生した場合
のぞみ
弟
賃貸暮らし
適用
マイホーム
適用なし
弟さんが自分名義の家に住んでいて、相続すると特例は適用されないけど賃貸暮らしののぞみさんが相続すると特例が適用されるの
誰が相続するかでも変わるんですね
知らなかった〜
相続税の申告書類はけっこう大変なので申告が必要な場合は税理士さんに相談したほうがいいわね
ふ〜 面倒くさそう
ジュ〜〜
相続税がかかりそうだとわかったら、できるだけ節税対策しましょう
ジュ〜
えっ! そんな対策あるんですか?
のぞみさんは住宅購入を考えているなら親御さんから住宅購入資金として贈与を受けるのはどうかしら?
贈与

でもそれって贈与税がかかるんじゃないですか?
ジャッ
ジャッ
マイホームなら一定額まで非課税枠があるの
『家を買う』って言うと『結婚は諦めたの?』なんて言われそうだけど
相続税がすごいことになるよりいいかも
そうだよ~ 家を買っても結婚はできるよ!
なんかさっきからおいしそうなにおい~ ケチャップの~
くんくん
相続税の非課税制度は制度改正で変わる可能性があるので常に情報をチェックしておきましょうね!
は~い
マスター特製ナポリタン 畠中先生のおごりです
きゃ~♥♥
いくよさん今日は静かね ナポリタンで元気出してね
え~ん 先生 こちらは贈与税は非課税ですよね~
モチロンよ~
私までいただいちゃった~♥
わ!

法改正に対応！ 相続税の基礎知識

STEP 1

2015年1月1日から変更になった相続税の制度。
これまでに比べて課税対象者が大幅に増えるので、
いざというときのため相続税の知識を持っておきましょう。

非課税枠が大幅に減額対象者になるかをチェックしておく

改正前は基礎控除額が5000万円＋1000万円×法定相続人の数だったのが、3000万円＋600万円×法定相続人の数に。都市部に不動産がある人や、ひとりっ子だと対象者になる可能性が増えます。

基礎控除には特例も負の遺産がないかも確認しておくこと

基礎控除の他に配偶者の減額軽減制度などの特例があります。また相続というとお金や土地をもらうことだけ考えがちですが、借金などマイナスの遺産も相続放棄しないと相続対象になってしまうので、注意を。

相続税のしくみ

現金、預貯金、有価証券、宝石、土地家屋などが主な相続財産。
相続財産総額から基礎控除額を引いたものが相続税の対象に。

相続財産

基礎控除額	課税対象

★相続税基礎控除額 3000万円＋600万円×法定相続人

★相続税の税率 10〜55％

例えば

相続財産が8000万円で法定相続人が3人（配偶者1人・子ども2人）の場合

3000万円＋600万円×3人＝4800万円＝基礎控除額

8000万円－4800万円＝ 3200万円 ←課税対象額になる

法定相続分に応じる取得金額：配偶者：1600万円
（課税対象分のみ）　子ども1人当たり800万円

★子どもがいない場合

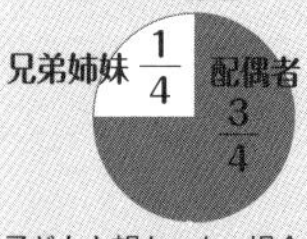

子どもも親もいない場合は配偶者が3/4、兄弟姉妹が1/4。配偶者がいなければ親、親がいなければ兄弟姉妹が相続する。

★配偶者と子ども3人の場合

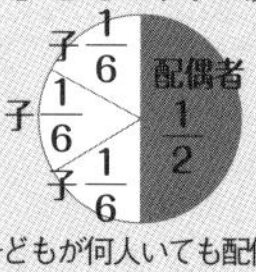

子どもが何人いても配偶者の相続分は1/2。残りを子どもで分けるので、子どもが3人ならそれぞれ1/6ずつとなる。

★配偶者と子ども2人の場合

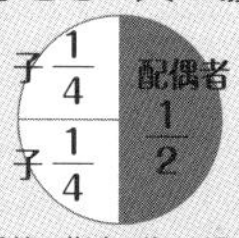

遺言状で指定が無い場合、法定相続分は配偶者が1/2、残りを子どもが等分する。子どもも2人ならそれぞれ1/4ずつ。

法定相続人とは

法で定められる相続人のこと。配偶者、子ども、父母、兄弟姉妹の順に配分が大きい。

←法定相続人のパターン

相続税の税率

相続税の税率は一律ではなく、相続額が増えるほど税率もアップ。
控除額も認められていて相続額が増えるとアップしていきます。

法定相続分に応じる取得金額	税率	控除額		税率	控除額
1000万円以下	10％	0万円	2億円以下	40%	1700万円
3000万円以下	15%	50万円	3億円以下	45%	2700万円
5000万円以下	20％	200万円	6億円以下	50%	4200万円
1億円以下	30%	700万円	6億円超	55%	7200万円

例えば

法定相続分に応じる取得金額が配偶者1600万円、子ども800万円×２人の場合

配偶者の相続税　1600万円×15％－50万円＝190万円

子ども1人当たりの相続税　800万円×10％＝80万円

家族の相続税の総額　190万円＋80万円×２人＝350万円

気をつけたい基礎控除の特例

配偶者が全部相続するときに限って基礎控除の額に特例が。
ただし二次相続で多額の相続税が発生する場合もあります。

配偶者の税額軽減制度

財産を全て配偶者が相続する場合、１億6000万円または配偶者の法定相続分のうち、どちらか高い方までが非課税となる制度。特例利用で相続税ゼロになることも多い。

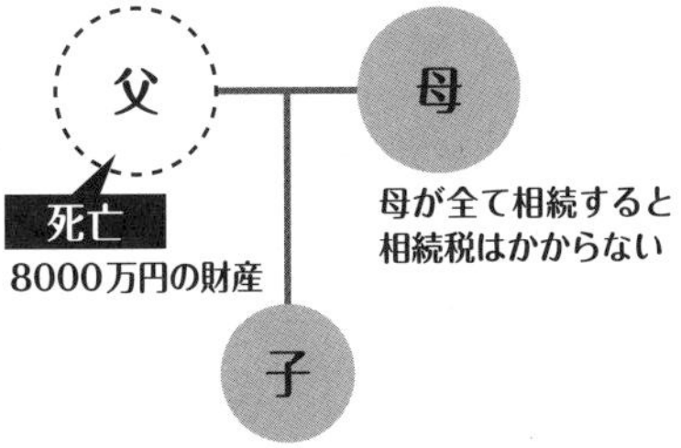

※配偶者の税額軽減制度を利用する場合は、申告が必要になる。

二次相続

二次相続時は相続人が減る分、基礎控除額も減ってしまうので財産がかなり残っていた場合は、逆に相続税が増えてしまうこともある。特例を使うかどうかは慎重に考えて。

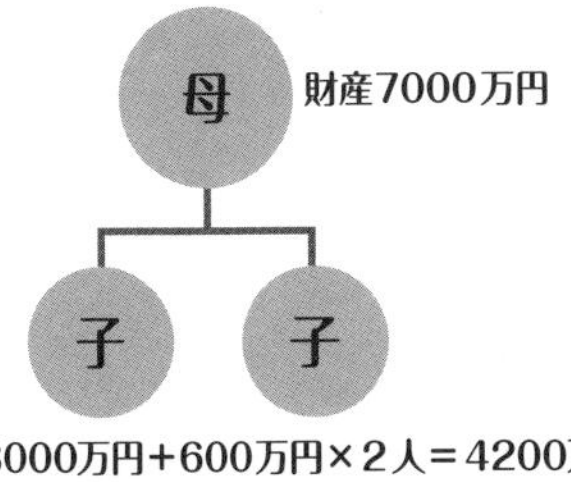

基礎控除 3000万円＋600万円×２人＝4200万円
課税対象額 7000万円－4200万円＝2800万円

2800万円が相続税の対象

知らないと損する！実家の相続基本ガイド

STEP 2

相続財産として最も多いのが親の住んでいた土地家屋。預貯金のように簡単に分けられない分、対策が必要に。

評価額が高い不動産を相続しても、特例が使えれば税額も圧縮

価値がないと思っていた実家でも相続するとなると相続税がかかるもの。相続税の支払いのためにせっかく手に入れた家を手放さなくても済むよう、設けられた特例を活用しましょう。

特例利用には条件有 相続が発生する前から備える必要がある

ありがたい特例でも条件を満たさないと適用されない場合もあります。兄弟姉妹間での話し合いが必要な場合もあるので、どんな特例があるか、条件などをチェックし、対処を考えておきましょう。

★ 6000万円の相続価値の不動産

330㎡までの部分

↓

評価額が 80%減額され

1200万円に

小規模宅地の評価減の特例とは

330㎡までの宅地について、条件を満たせば相続財産としての評価を80%減額してくれる制度。6000万円の相続価値がある不動産の評価額が1200万円まで減額されるので、相続税がかからなくなることも。

※小規模宅地の評価減の特例を利用する場合は、申告が必要になる。

小規模宅地の評価減の特例の適用要件

❶ 配偶者

同居している配偶者は無条件で特例が受けられる。

❷ 同居の家族

同居している子どもが、そのまま相続した家に住み続ける場合も特例が受けられる。

❸ 持ち家なしの別居親族

（相続開始前3年以内に持ち家を所有していない）

被相続人に配偶者や同居の子どももがいない場合、別居の子どもが賃貸住まいなら適用される。

小規模宅地の評価減の特例の注意したいポイント

同居の有無、持ち家の有無が特例を受ける際のポイントに。
相続額が大幅に変わってくるので、しっかりチェックを。

ポイント1

相続する家に同居してないと特例の対象外となる

特例が受けられるのは同居が原則。被相続人が亡くなった後、同じ家に住んでいた相続人が住むところを失わないようにするのが目的なので、別居で持ち家がある子どもには適用されない。

★父親所有のマイホーム（相続財産として6000万円）を
母親と別居の娘で半分ずつ相続する場合

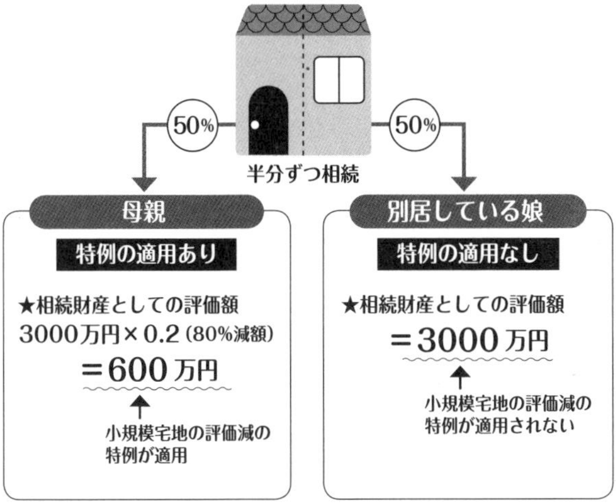

ポイント2

持ち家のない人が相続すると特例が受けられる

同居している子どもがいなければ、別居の子どもが相続することに。持ち家がない、民法上のいわゆる「家なき子」が相続すると、この特例が受けられ評価額が大幅に下がります。

★父親の死後、母親が住んでいたマイホーム6000万円を
持ち家あり、またはなしの姉妹が相続する場合

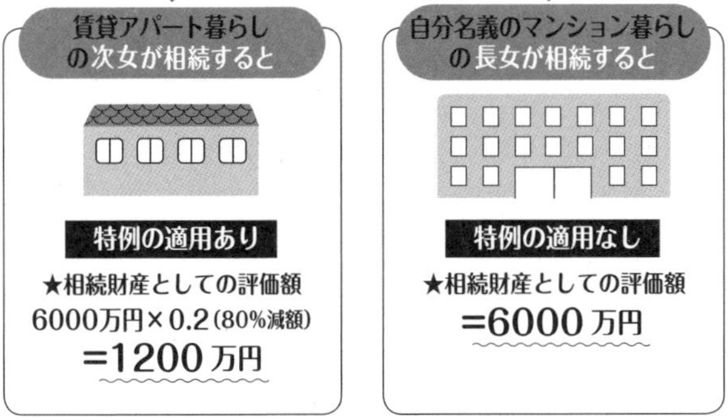

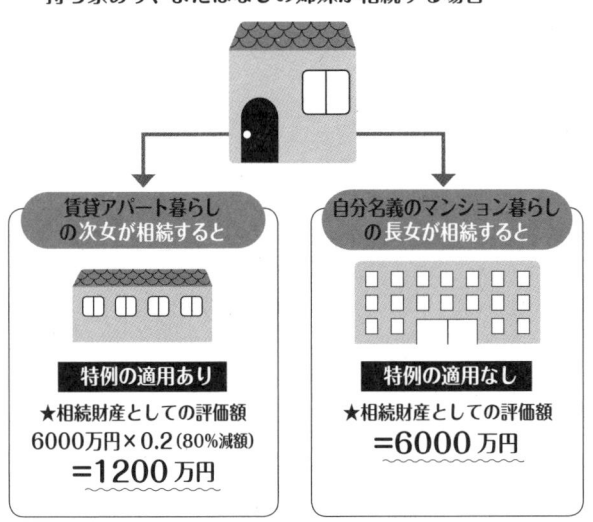

相続税の申告期限と手続き

相続税の申告期限は亡くなってから10カ月後まで。特例を受けるには申告が必要。
手続きはかなり煩雑なので、できれば税理士などの専門家に依頼を。

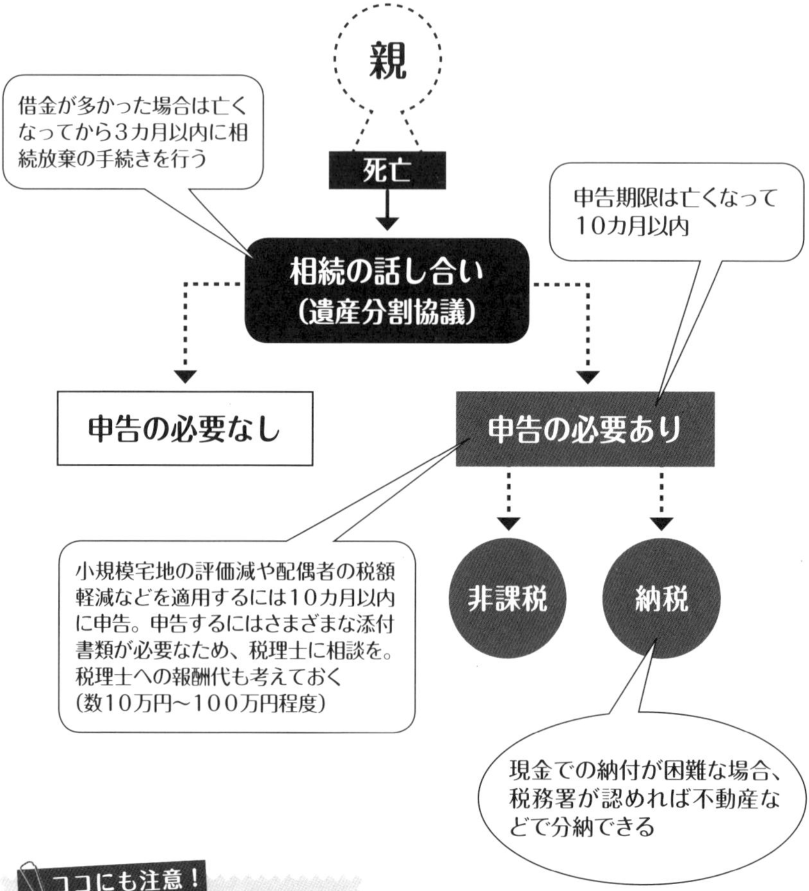
親
死亡
借金が多かった場合は亡くなってから3カ月以内に相続放棄の手続きを行う
相続の話し合い（遺産分割協議）
申告期限は亡くなって10カ月以内
申告の必要なし
申告の必要あり
小規模宅地の評価減や配偶者の税額軽減などを適用するには10カ月以内に申告。申告するにはさまざまな添付書類が必要なため、税理士に相談を。税理士への報酬代も考えておく（数10万円〜100万円程度）
非課税
納税
現金での納付が困難な場合、税務署が認めれば不動産などで分納できる

ココにも注意！

遺産分割協議が終わるまで実家の物を勝手に持ち出さない

遺産分割協議が終わる前に親の家に出入りして、家の物を勝手に持ち出すとあらぬ疑いを招いてもめる原因になることも。一緒に行くなり、事前に報告するなどして。

親が住み替えて、実家を賃貸に出していた

父の死後、残った母が高齢者施設などに住み替え、実家を賃貸に出してしまうと相続の特例が受けられなくなります。評価減の特例と賃料収入のどちらを優先するかも考えましょう。

STEP 3

今からできる！ 相続税対策

税制改正で相続税の対象になりそうだと思ったら、親が元気なうちに相続税対策をしておきましょう。親とも相談して、納得のできる方法を選んで。

不動産以外の現金は生前贈与の枠で相続税の対策を

生前に非課税枠の範囲内で現金の贈与を受けておいて相続額を減らす対策が可能です。毎年１１０万円が非課税となる贈与以外にも下図のような特例があります。

税制や特例は変わりやすいので情報は常に確認を

２０１３年度の教育資金贈与特例のように新しい制度が生まれたり控除金額が変わったり、制度がなくなったりと変更が多いので動向は常に確認しましょう。

｛贈与税｝
基礎控除額　110万円

1月1日から12月31日までの1年間に贈与された額から基礎控除を引いた額に税率をかける。500万円の贈与なら暦年控除は52万円。

生前贈与すると相続税を節税できる

1人当たり年間110万円までが非課税となる生前贈与。
毎年コツコツと贈与すると、相続税がかなり圧縮される。

1億円の財産を子ども3人で相続する場合

生前贈与を実行

★子ども3人　110万円×3人×10年＝3300万円
↓
相続財産 6700 万円
相続税の基礎控除額３０００万円＋６００万円×3人＝４８００万円を引く
↓
相続税課税対象額 1900 万円

生前贈与しない

相続財産１億円
相続税の基礎控除額３０００万円＋６００万円×3人＝４８００万円を引く
↓
相続税課税対象額 5200 万円

→ 3300万円軽減できる → 相続税課税対象額 1900 万円

非課税で受けられる父母・祖父母からの援助

父母や祖父母からの非課税になる援助は他にもいくつかあるので、
自分に使えるのはどれか、何が効果的な対策になるか検討を。

制度	内容	非課税の控除
暦年控除	非課税となる110万円の贈与を毎年続けるのが暦年控除。なるべく早めにスタートすれば、それだけ課税対象額も減らせる。	最高 110 万円
住宅取得など資金の贈与の特例	2015年までなら1000万円（省エネ・耐震・バリアフリー住宅なら1500万円）まで非課税。2015年以降は減額の予定。	1000 万円（一般住宅）
教育資金の一括贈与	孫への教育資金は1人につき1500万円までの一括贈与が非課税となる。2015年12月末までの時限措置だが延長の可能性も。	最高 1500 万円
相続税時精算課税	60歳以上の贈与者が20歳以上の子か孫に贈与する場合、2500万までが特別控除される。相続時に相続財産と合わせて精算する。	最高 2500 万円

いつやる？ 何から始める？

親の家の整理はどうする？

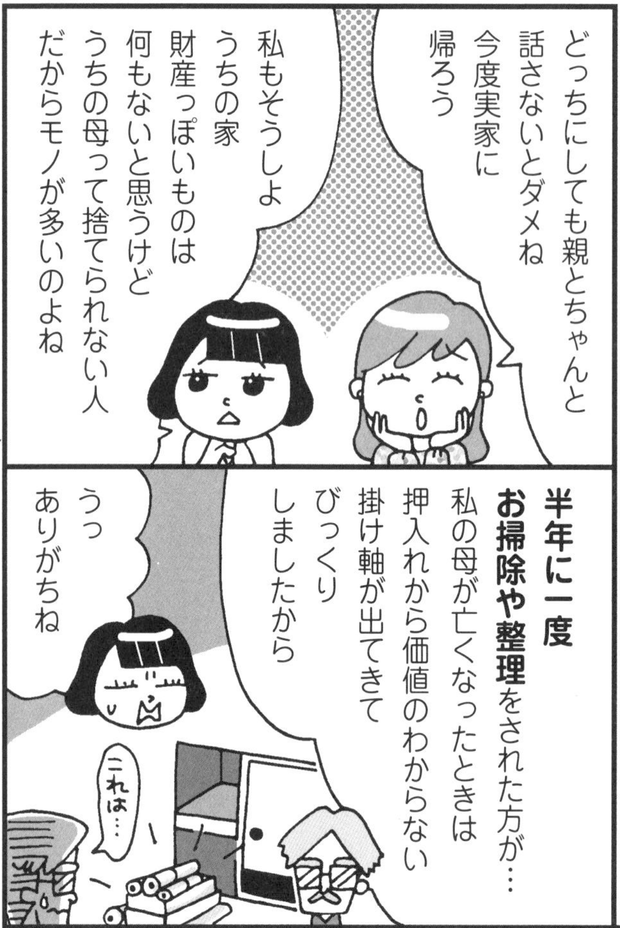

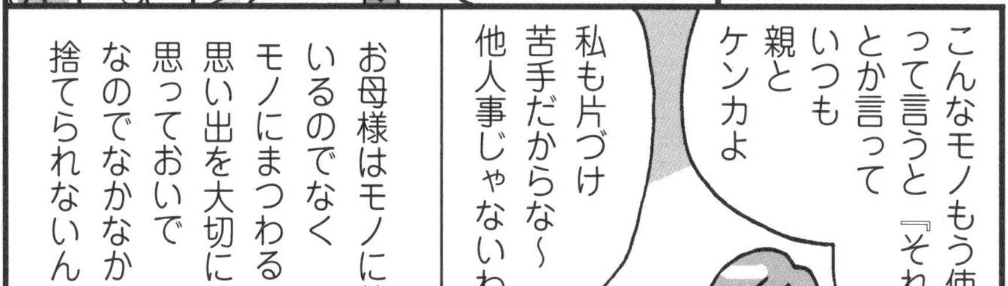

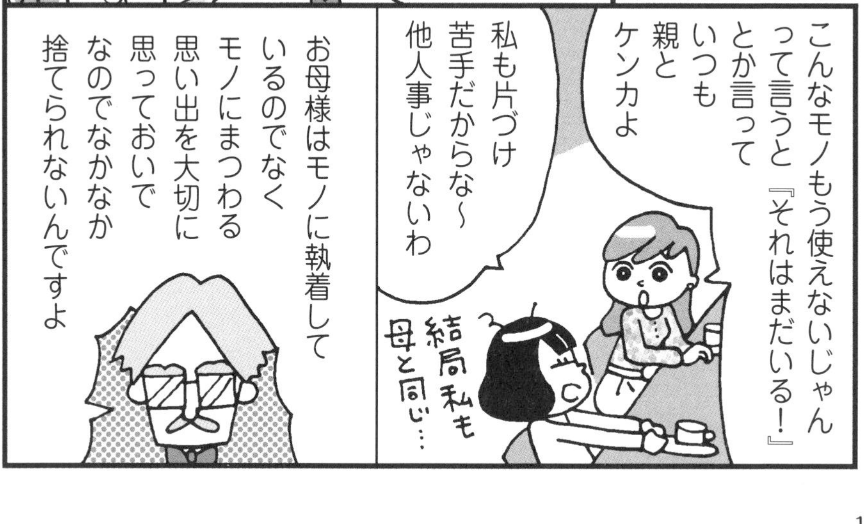

そうなの！
すごく思い出話
するのよ
これは
のぞみが
はじめて
プレゼントして
くれたもの
これは
修学旅行の
お土産
そういうときは
聞いてあげると
いいです。話している
うちに気持ちが落ち着き実際に
必要かを考えやすくなります
心の整理
ってこと？
そうですね。時間はかかり
ますが、一度に片づけずに
何回かに分けてやるのが
ポイントですね
こないだ実家に帰ったら
意外と自分の荷物が
あったからそれから
片づけるわ…
卒業文集とか
カセットテープとか
アイドル写真集
とか～～!!
文集
アイドル
私も!!
もしものときに慌てないために
どこに何があるのか
家族は知っておきたいですね
こないだ
健康保険証を
探すのも大変
だったからな～
え～と
んも～！
どこ～？
一緒に
片づけ
するのも
素敵な
親孝行
ですよ！
ハイ！

STEP 1

少しずつやっておきたい！ 親の家の整理

親が亡くなった後に直面するのが実家にあふれるモノの片づけ。できることなら元気なうちから少しずつ手を付けて親の暮らしも快適に。

ケンカにならないよう 親の意向をくみながら 元気なうちに少しずつ

年を取ると、親自身も少しずつ片づけなくてはと思い始めるはず。一方的に「ゴミだから捨てて」と言うとケンカして終わるだけ。きっかけをつかんでサポートするというスタンスで始めましょう。

整理には時間がかかる 不要物だけでも処分を 大切なものの確認も

親が亡くなった後は相続関係などするべきことが多く、片づけまで加わるとより大変に。不要な物だけでも前もって処分して。また健康保険証、年金受給や保険関係の大切な書類などはどこにあるのかだけでも教えてもらいましょう。

片づけのポイント

1. 自分のモノを先に片づける

親のものを片づけろという前に、実家に残してある自分のモノからまず手を付けて。かなりの量が片づき、親にとっても片づけのよいシミュレーションになる。

2. 1年に1～2回 整理する日を設ける

なんとなく片づけようと思っても、なかなか進まないので整理日を決めておこう。遠方で暮らす場合は帰省時に。長時間の片づけは疲れるので半日程度に。

3. 親の意向は聞いてあげる

子どもから見るとガラクタでも親にとっては大切な思い出の品ということも。意向を聞かずに処分すると揉める原因に。気持ちに沿いながら少しずつ処分を。

4. 捨てられないモノは一時保管 ボックスに入れておく

捨てようかどうしようか迷いだすと整理も進まない。捨てられないモノは、一時保管のボックスを作っておくと、気が楽になり、整理や処分もスムーズに。

5. 親が捨てるのを迷ったときは いったん預かる

捨ててもいいのだけど…と迷っているようなら、いったん預かってみて。しばらく預かっても必要なさそうなら、それとなく聞いてみてから処分を。

親が元気なうちに確認しておくリスト

もしものときに慌てないためにも、必要な書類や手続きなどのために印鑑や健康保険証の保管場所などをまとめておきましょう。連絡したい人なども聞いておきましょう。

確認したいもの	保管場所	保管内容
健康保険証		
かかりつけの 医療機関の連絡先		
年金受給の書類		
保険関係の書類		
印鑑		
預金通帳・カード		
もしものときに 連絡したい人のアドレス		

チェックシート

いざというときに備えて、介護のこと、
相続のこと、実家の片づけなど
今から少しずつやっておきましょう。
親と話し合う時間もポイントに。

● 相続について

★相続税

相続財産

基礎控除額	課税対象
★相続税基礎控除額 3000万円+600万円×法定相続人数	★相続税の税率 10～55%
円	円

★小規模宅地の評価減の特例の適用要件

1. 配偶者
2. 同居の家族
3. 持ち家のなしの別居親族（相続開始前3年以内に持ち家を所有していない）

★親に保管場所・内容を確認しておくことリスト

確認したいもの	保管場所	保管内容
健康保険証		
かかりつけの医療機関の連絡先		
年金受給の書類		
保険関係の書類		
印鑑		
預金通帳・カード		
もしものときに連絡したい人のアドレス		

親のことを確認！

● 介護について

★公的介護サービスのポイント

□ 介護サービスを受けるために認定が必要
□ 要介護度によって利用できるサービス限度額が異なる
□ 住んでいる自治体によってサービスが異なる

★介護にかかる費用

介護サービスの自己負担分 ＋ 支給限度額を超えたサービス分 ＋ おむつ、衣類代など ＝ 在宅介護費用

★介護度別支給限度額と自己負担額

□ 要介護度によって支給限度額は異なり、その額の１～２割が自己負担になる

★介護認定に必要なもの

□ 介護保険要介護認定書
(市区町村の介護保険窓口、地域包括支援センターでもらえる。
市区町村のホームページからダウンロードできることも)
□ 介護保険被保険証（65 歳以上の場合）
□ 医療保険被保険証（65 歳未満の場合）

実家や自宅をリフォームするときのポイント

親が実家にずっと住み続けたい希望があったり、自分の高齢期も自宅でと考えているなら、リフォームするかどうかが問題になってきます。早まらずに費用や必要な整備を選択するようにしましょう。

ポイント❶

必ず何社か見積りを取って比較検討する

会社によってはあれもこれも修繕した方がいい、設備を付けた方がいいとさまざまな改修ポイントをあげて高齢者を不安にさせることも。必ず何社か見積りを取って比較検討するようにしましょう。

ポイント❷

既存の住宅設備は更新時期を把握する

一般的に風呂、トイレなど住宅の設備の多くは家そのものより耐久年数が短いものです。傷みや破損があるたびに修理するより、使用年数を把握して修繕の時期が近いようであればリフォームと一緒に実施しましょう。

ポイント❸

バリアフリーにしても税金はそれほど戻らない

バリアフリーリフォームをするとかかった費用の10%など所得税が戻る制度があります。ただし、自分が納めている税金が少ないともちろん戻ってくる税金も少ないので、節税だけを目的に発注するのは避けましょう。

ポイント❹

介護が必要になってから介護用のリフォームをする

車いすなら通行を容易するためにスロープを設けるなど容態によってリフォーム内容も変わるので、介護がスタートしてから決めた方がより使い勝手のいいリフォームになります。

ポイント❺

介護用にリフォームした家は売りづらい

介護付き老人ホームに入ることになった、または亡くなった後処分をしようとしても、介護リフォームされた家は若い世代が好まないので、売却しづらいことも。家のゆく末を考えてから着手しましょう。

おひとりさまの老後のお金と暮らしの本

第5章
終のすみか、お葬式、お墓をどうするか考えよう

自宅　老人ホーム　ケアハウス　etc.

終のすみかはどうする？

ところで
のぞみの
聞きたいことって
何なの？
うん…
親の介護のことや相続のことを
考えないといけないんだけどさ
賃貸か？
老人ホームか？
自分の終のすみか
どうしたらいいんだろうって
思って。私、賃貸だし…
うっ！
私も
マンション購入
したとはいえ
あそこにずっと
住み続けるのはなあ～
段差とかめっちゃあるし…
よっ
でもさ
老人ホームとか
お金かかる
よね？
高そう
よね？
不安だわ～
あっ 先生のお宅
ここよ!!
ピンポーン
はーい
のぞみと
いくよで～す
開いているから
どうぞー

いらっしゃ〜い
すぐわかった〜？
先生コレ
お土産〜
ええすぐ
わかりました
お邪魔
しまーす
どうぞかけてー
今お茶
入れるわね
はーい♥
ジャーン
マスカット
のタルト!!
私ぶどうが
大好きなのー
うわー♥
キレーイ
近所の有名店のよ♥
あら、今日は
のぞみさんが
浮かない顔ね
ぶどうは
お嫌い？
えっ?!　いや大好きです！
先生
のぞみがまだ
先生に
聞きたいことが
あるらしいっスよ
あっ、自分だって
聞きたいくせに〜
実はその
親の住み替えも
気になるんですけど

ずっとおひとりさまの場合
自分の老後の住まいは
どうしたらいいものか…
孤独死とか
悲しすぎる…
それだけは…
ああ
それだけは
さけたいの
私も
今のマンションだと
リフォーム
しなきゃだし
そもそも
坂の上の
マンション
だし
住み替え
必要な気がして
きたんです!
つかれた~
そんなワケで
先生!!
老人ホーム
って誰でも
入れるんですか?
公的な特別養護老人ホームは
原則要介護3以上限定
だし
待機者も
多いから
すぐには
難しいわね
オーマイガーッ!!
え~~
どうしたら
いいですか~

そうね
現実的なのは
民間の有料老人ホームや
サービス付き高齢者向け住宅
社会福祉法人や地方自治体が運営している
介護型ケアハウス
に入るってとこかな
へえ──
いろいろあるんですねー
サービス付き高齢者向け住宅
介護型ケアハウス
有料老人ホーム
さらに住居だけのものから
食事や見守りサービスが付いたもの
住居だけ
食事・見守りサービス付き
スタッフ
介護24時間体制
24h
介護が24時間体制のものまであるのよ
詳しくはP167を見てね
さすが先生！
すごい資料
正直
どれがいいのかわかんないわ～
ありすぎて
パンフ
パンフ
パンフ
ポイントは食事サービスと介護の部分ね
介護状態が重くなったら退去しないといけない施設もあるから
チェックしたほうがいいわね
なるほど～
費用もけっこう違うから
比較検討したほうがいいわよ

先生
これだけの
資料がある
ってことは…
もう考えて
いたりするの?
そりゃぁもう!
どんなとこ!?
どんなとこ!?
さすが先生!
私は食事の提供や
入浴施設があって
要介護認定を
受けても
住み続けられる
住居型の
有料老人ホーム
を主に探して
いるわ
こないだ
見学にも
行ってきたのー
ここなんだ
けど
おおっ
へ～
個室
なんですね
温泉も
ある!!
ご飯
めちゃ
おいしそう♥

でも
お高いんでしょ?
こーゆとこ
でしょ先生!?
パンフ
そんなこともないわよ~例えば
ケアハウスなら**ひと月6万円台**
というところもあるから
民間住宅で家賃を
払い続けるより
老後は楽かもね
いい~!!
それいい~!!
6万円台!?
パアアアァ…
ただ
入居するには
一時金が必要な
ケースもあるし
部屋の広さに
よっても費用は
違います
まずは情報を
集めてね
バルコニー
今度一緒に見学連れて行って
ください~!!
畠中先生と行く
老人ホーム
見学ツアー
ぶどう狩り付き!!
ぶどう好きなのね
やっぱり…
OKよ♡
とかで♪

STEP 1

今から考えたい！ 終のすみか選びの基本ガイド

高齢期になった時はどこに住むかは老後資金貯蓄額にも影響が出てきます。今のうちにどんな施設や選択があるのかチェックしておきましょう。

現在住んでいる家をどうするか考えつつ終のすみかを探そう

現役時代はなかなか想像できませんが、老後の住まいは自分の希望だけでは選択できないこともあります。介護や健康状態によって生活の助けが必要になることも。そこで今動けるうちに、どんな施設があるか？ どんなサービスが受けられるか？ 費用は？ など把握しておきましょう。また現在住んでいる家に住み続けるのか？ 処分するのか？ なども考えつつ老後の住まいを選択しましょう。

施設によって介護保険サービスの内容や費用が異なる

高齢者施設は大きく分けると公的なものと民間のものに分けられます。その中でも介護サービスがあるものや住宅のみで介護は別であったりなど施設によって内容やかかる費用は異なります。まずはどんな施設があるのかチェックすることから始めましょう。

☑チェックリスト

立地や費用の他に、部屋の広さや共用施設はどんなものがあるかなど生活するにあたって自分にとって快適かどうか確認しよう。

- □ **立地**
  最寄りの駅から施設までどれくらいかかるか？ 徒歩、タクシーの場合などチェック。
- □ **送迎サービス**
  送迎バスなどのサービスがあると交通機関から遠くても外出しやすいので確認しよう。
- □ **費用**
  家賃以外に管理費、食費なども忘れないように。介護費用についても確認を。
- □ **部屋の広さ・設備**
  間取りや台所の有無、収納、電話やインターネット回線など設備についても見て。
- □ **共用施設**
  施設によっていろいろ工夫しているところ。食堂の利用時間、大浴場などをチェック。
- □ **介護サービス**
  施設内に職員がいるのか、もしくは外部の業者に委託されているのかを確認して。
- □ **食事サービス**
  食事のメニュー、予約制度など。試食ができるならしてみよう。
- □ **生活支援サービス**
  居室の清掃はしてくれるのか、宅配便の預かりなどをチェック。
- □ **契約の注意点**
  契約解除の内容、短期で解約した場合の条件など契約前には必ず確認しよう。

おひとりさまの終のすみか選びのポイント

1. 健康状態によって左右される
介護が必要か、自立しているかによって入所できる施設は違う。要介護状態が重くなると退去しないといけないこともある。

2. 元気なうちに施設の見学に行く
動きもスムーズで健康なうちなら、いろいろな施設を比較検討できる。チェックする目が厳しいときに行っておくこと。

3. 種類を知っておき予算とニーズに合わせる
民間施設の中にも住宅、介護型があったり、ケアハウスなどもありそれぞれ内容や条件が違うので予算と照らし合わせてチェック。

4. 大まかな資金計画を立てておく
この施設ならという考えが固まった場合、年金受給額、貯蓄などを合わせて終のすみかで過ごすための資金計画を立てておこう。

5. 住み替えしたときの自宅の処分・活用を考える
自宅は賃貸に出すのか、誰かに譲るのか、処分するのかなど考えておこう。相続税などの問題もあるのできちんと検討しておきたい。

高齢者施設ガイド

高齢施設には大きく分けて、自治体などが運営している公的なものと
民間のものがあり、それぞれ内容やサービスが違います。

公的な高齢者施設

地方公共団体や社会福祉法人が運営。入所費用は比較的安いが待機者が多い。主に在宅介護が困難な人を受け入れている。介護優先度が高い人から入所。

●特別養護老人ホーム

原則要介護３以上の人に限定されている。要介護度や所得によって利用料は変わる。待機者が多くなかなか入所できない。

●老人保健施設

医療ケアやリハビリを必要とする人が自宅で生活することを目指すためのケアを受ける。一定期間を過ぎると退所しなくてはならない。

民間の高齢者施設

民間企業が運営していることが多い。公的に比べると入所費用は高いが、サービスや施設は充実している。多くの人にとって現実的に、入所する施設に。内容やサービスは施設による。

●有料老人ホーム

介護付きなのか、住居のみで介護は外部の介護保険事務所から介護サービスを受けるのかの違いがある。

- 住宅型有料老人ホーム
- 介護型有料老人ホーム

社会福祉法人や地方自治体が運営

医療法人や社団法人が運営しているので民間より入所費用は少し安め。食事サービスが受けられるものや外部の介護保険事務所から介護サービスを受けられる施設もある。

●軽費老人ホーム
●ケアハウス（介護型ケアハウス）

民間や公営・公団の高齢者向け住宅

民間もしくは公営･公団が運営している住居。高齢者向けなので、バリアフリー構造であったり、ケアの専門家が安否確認してくれるサービスや、緊急時の対応などしてくれるところも。

●サービス付き高齢者住宅
●シルバーハウジング

公的以外の主な高齢者向けの施設の種類とサービス

多くの人が利用することになる有料の高齢者施設ですが、それぞれ条件や
介護や生活支援の内容に特徴があります。自分にとって必要なものの検討を。

施設	条件	特徴	食事	生活支援	介護
住宅型有料老人ホーム	健康な人、介護が必要な人でも入居できる。	食事や洗濯、掃除、健康管理などのサービスが受けられる。介護サービスは施設内にないが外部訪問介護業者を利用して居住することはできる。	○	○	△ 介護は別契約で外部の訪問介護などを利用する。
介護型有料老人ホーム	原則95歳以上で要介護認定を受けた人もしくは自立している人でも入居できる。	介護保険の「特定認定」の指定を受けた施設。要介護認定を受けた人が入居する「介護専門型」と自立した人でも入れる「入居自立型」がある。	○	○	○ 常駐スタッフによる介護サービスが受けられる。
軽費老人ホーム（A型）	60歳以上（夫婦のどちらかが60歳以上）の自宅で生活できない人が対象。	低料金で所得によって月額の利用料金が変わる。食事サービスが受けられる。身寄りがない人、身体能力が低下した人なども対象。	○	○	△ 介護職員による見守りサービスなど。要介護度が高くなると退去。
軽費老人ホーム（B型）	60歳以上（夫婦のどちらかが60歳以上）の自宅で生活できない人が対象。	食事サービスはなく自炊が基本になる。低料金で所得によって月額の利用料金が変わる。身寄りがない人、身体能力が低下した人なども対象。	×	○	△ 介護職員による見守りサービスなど。要介護度が高くなると退去。
ケアハウス（軽費老人ホームC型）	60歳以上（夫婦のどちらかが60歳以上）の自宅で生活できない人が対象。	個室のバリアフリー住宅で食事サービス付き。介護が必要になったら外部訪問介護業者を利用して居住することはできる。一部24時間365日の介護に対応する介護型ケアハウスもある。	○	○	△ 介護スタッフはいないので、外部訪問介護業者を利用して居住することはできる。
サービス付き高齢者住宅	自活できる60歳以上の高齢者向け。または要介護・要支援の認定を受けた60歳未満の人。	部屋は原則25㎡以上でバリアフリー構造。ケア専門家による安否確認サービスや生活相談サービスが付いている。	×	△	△ 外部訪問介護業者を利用して居住することはできる。
シルバーハウジング	自活できる60歳以上の高齢者向け。	バリアフリー構造。食事サービスはなし。ライフスタイルアドバイザーが配置されて安否確認や緊急時の対応をしてくれる。	×	△	△ 外部訪問介護業者を利用して居住することはできる。

費用　スタイル　頼む人　etc.

お葬式はどうする?

こちらのメニュー どうぞ
スッ
はっ 見覚えのある このメニューは…
※5P参照
MENU
MENU
マスター、メニュー5の『終のすみか、お葬式、お墓をどうするか考えよう』をお願い！
MENU
かしこまりました
あっもしもし 吉川先生 お願いします 『喫茶人生』です
出前みたいに呼ぶパターンもあるのね…
そして…
お待たせしました 葬儀ビジネス研究所『アルック』代表の吉川美津子先生です

こんにちは。はじめまして！お待たせしてごめんなさいね
吉川美津子先生
おお!!
先生、いまだのぞみと申します葬儀のことを考えないといけないと思うけどなかなか人には聞きづらくて…
ひとりでいくよです！私もよくわかってないのでお葬式の基本からお願いします!!
聞きづらいとかよくわからないのは当たり前ですよ
何でも聞いて
私は漠然と大きな葬儀じゃなくて家族や親しい人だけでしてほしいなあってそういうのは家族葬っていうんですか？
そうですね規模や内容によっていろいろな呼び方があります
一般的な仏式で説明すると通夜から葬儀・告別式までの一連の流れを広い意味でお葬式とか葬儀といいます
ふむふむ
通夜
＋
葬儀・告別式
お葬式

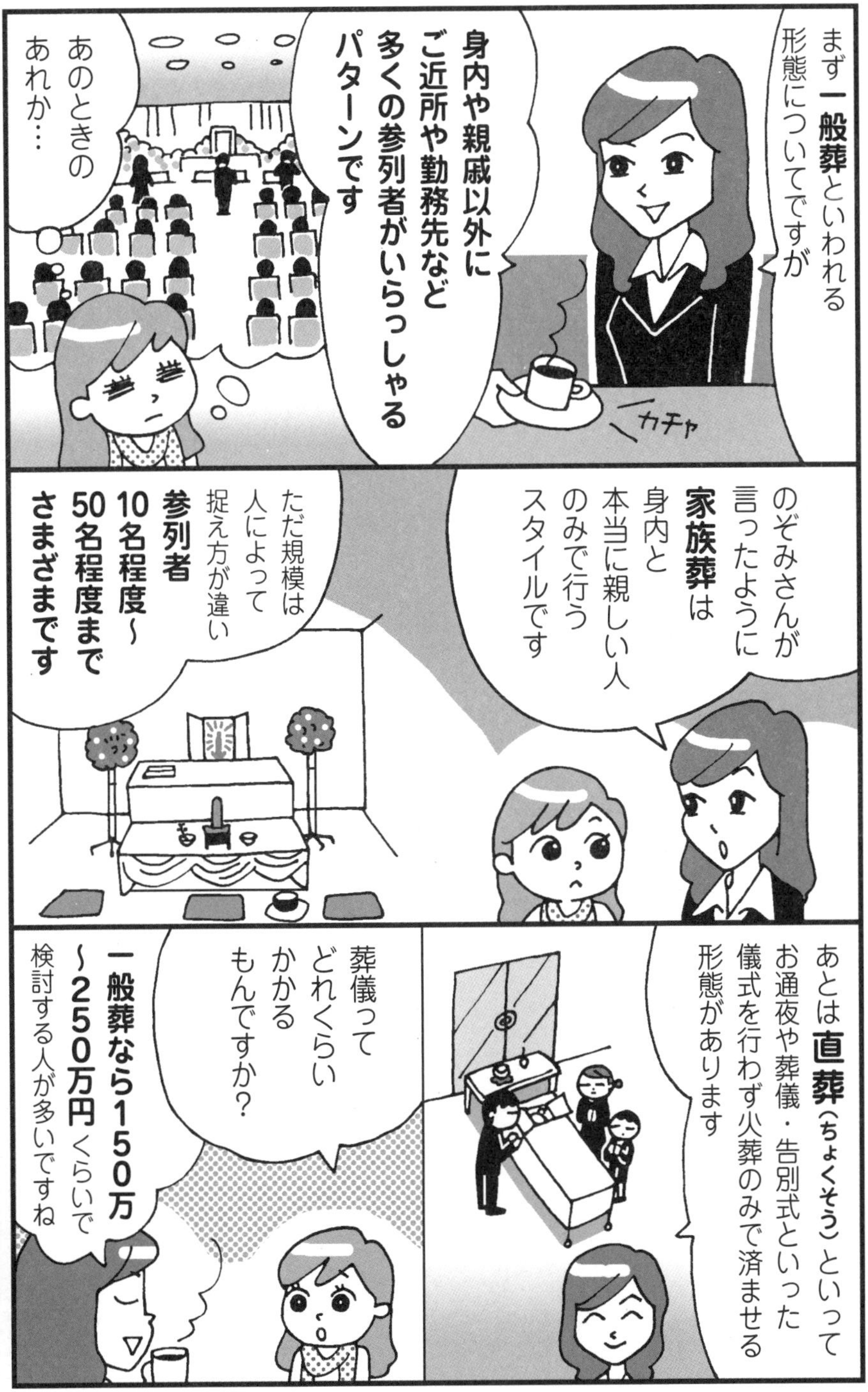
まず一般葬といわれる形態についてですが
カチャ
身内や親戚以外にご近所や勤務先など多くの参列者がいらっしゃるパターンです
あのときのあれか…
のぞみさんが言ったように家族葬は身内と本当に親しい人のみで行うスタイルです
ただ規模は人によって捉え方が違い
参列者10名程度〜50名程度までさまざまです
あとは直葬（ちょくそう）といってお通夜や葬儀・告別式といった儀式を行わず火葬のみで済ませる形態があります
葬儀ってどれくらいかかるもんですか？
一般葬なら150万〜250万円くらいで検討する人が多いですね

ホッ
生命保険の保険金でなんとかなりそう
どれくらい参列者がいらっしゃるかでも変わりますね
そっか
料理や返礼品の費用が変わるから
志
そうですね。人数によって会場の大きさも変わってきます
葬儀は基本的に、葬儀会社に任せれば会場の準備や段取りをやってくれるので
見積りを取るなどして葬儀社選びをきちんとしておくと残された人はずいぶん楽になりますね
葬儀社って何を基準に選ぶんですか?
まずはお葬式をする**地元の会社**で比較するといいかも
えっ?!
地元がいいの?
葬儀はその土地ならではのしきたりや会場設営などノウハウがあります
山ひとつ越えたらやり方が違うなんてことも

私、音楽葬とかオリジナルの葬儀に興味があるな～
ずっとピアノ習ってたので～
個性的な葬儀がしたいならそういったことに慣れた会社がスムーズですね
仏式でもできるの？
例えばピアノの生演奏を入れるなど仏式でもできます
お寺にお墓がある場合はお寺と段取りをしっかり打ち合わせしておきましょう
なるほどお墓… どうだったかな？
うちはお寺の墓地だったような
では、次にお墓のことを説明しますね
お待たせしましたメニュー5についてくる黒ゴマプリンです
わー… これもう墓石にしか見えない～

STEP 1

いざというときに備える！お葬式の基本ガイド

老後について考えるときに避けて通れないのがお葬式とその後のこと。遺された人が困らないように、できる限りの準備はしておきましょう。

まず準備したいのはお葬式の費用 一般葬は結構高額

近しい親族の葬儀経験がない限り、お葬式については知らないことが多いでしょう。例えば一般的な葬儀だと平均150万～250万円あたりで検討する人が多いようです（下図参照）。ただし、お葬式のスタイルや規模によって費用は変わります。

葬儀スタイルはいろいろな選択肢が 自分らしいものとは

費用のことだけではなく、なるべくシンプルで、親しい人だけに囲まれた葬儀にしたいという希望も増えています。最後まで自分らしく送ってもらうために、どうすればいいか調べておきましょう。

お葬式の費用

150万円～250万円

内訳

葬儀施行費用
参列者の人数や祭壇やお棺のランクなどで費用はかなり変わる。

＋

車両費用

＋

火葬費用

＋

飲食接待費用
通夜振る舞いや会葬の返礼品など。地域による違いもあり。

＋

宗教者へのお礼
寺院・戒名に対するお布施。教会への献金など。宗教によっても異なる。

葬儀そのものの費用にプラスして、会葬者への振る舞いの費用、寺院へのお布施なども必要に。葬儀会社によっても異なるが、全てを平均すると上記金額に。

お葬式の主なスタイル

［ キリスト教式 ］

本来、通夜はないが、日本の習慣に習った前夜式を行うことが多い。前夜式も告別式も讃美歌の合唱、聖書朗読、説教に続き、参列者による献花がある。

［ 神式（神葬祭）］

神式では故人が家の守護神となる儀式が葬儀で、遷霊祭・通夜祭、葬場祭が行われる。神職による祭詞の奏上があり、参列者は手水《ちょうず》の儀、玉串奉奠《ほうてん》を行う。

［ 仏式 ］

日本で一番多いスタイル。通夜、葬儀、告別式の順で行われ、僧侶による読経、参列者の焼香がある。告別式の後に喪主の挨拶があり、出棺となる。

お葬式の主な形態

［直葬］

通夜や告別式を行わず火葬のみなのが直葬。病院から火葬場へ直行するだけでなく、希望すれば自宅で別れの時間を持つことや読経してもらうことも可能。

［家族葬］

家族だけの葬儀と思われがちだが、親族や親しい友人・知人が参列する少人数の葬儀も家族葬と呼ぶことが多い。少人数なのでゆったりとお別れができる。

［一般葬］

家族・親族以外にも、友人や仕事関係など、故人を知る人がたくさん集まり送ってくれるスタイル。関わる人全てとのお別れが一度で済むのでラクな面も。

＼個性的なスタイル／

生演奏で送られる音楽葬や立食パーティ形式の葬儀、趣味仲間のパフォーマンスを披露してもらうなど、その人の個性を感じさせるお葬式も増加中。

＼ココに注意！／

宗派によっては個性的なスタイルがNGのこともあるので必ず相談を。また簡略化し過ぎると故人へのお別れがきちんとできずに悔いが残る場合も。

おひとりさまのお葬式準備のためのポイント

1. 葬儀を誰に依頼するか考えておく

亡くなった後は自分では何もできない。意志を尊重して、葬儀の手配、進行、関係者への連絡などしてくれる人を探しておきたい。

2. 葬儀の費用は用意しておく

葬儀の種類や規模でかなり異なるので、まずはどんなスタイルの葬儀にしたいかを考えて、そのために必要な費用を準備しよう。

3. 気に入った葬儀社が見つかったら生前予約をしておく

葬儀社を決めて生前予約までしておくと、遺族の負担がグンと楽になる。終活フェアや各社の見積りサービスを利用して検討を。

4. 希望するスタイルや葬儀社を依頼する人に伝えておく

こうしてほしいというリクエストは、葬儀を執り行ってくれる人にきちんと伝えて。葬儀会社も要望に対応できるところを選びたい。

葬儀社選びのポイント

❶ 何社か見積りを取る

1社だけだと相場もサービスも妥当かどうか判断できない。人数やスタイルなどの希望を告げて、少なくとも3社から見積りを取ろう。

❷ 地元の葬儀社を中心に考える

地方によって特別な習慣があることも多いのが葬儀。地元の習慣をよく理解しているところにお願いすると進行がスムーズに。

❸ 見積りは必ず総額をチェック

参列者数によって変わる料理や会葬返礼品などが含まれていないこともあるので、追加費用が発生しない総額なのかをきちんと確認。

❹ 葬儀社に行き、直接自分で確認する

いいお葬式になるかどうかは、担当者によるところ大。実際に足を運んで担当者を見極め、同じ人が最後まで担当してくれるか聞いて。

継ぐ？ 継がない？ お墓はどうする？

まずは自分の家のお墓があるのか確認した方がいいですね
あそこに私は入れるんだっけ…？
でも先生私お墓は入らなくていいの
今まで旅行で訪れた場所に散骨してほしい!!
う〜ん 実は遺骨は勝手に埋めたり撒いたりできないのよ
えっ!? そうなの??
ガ〜ン
おいしい♥
遺骨は決められた場所しか埋蔵できない決まりで勝手な散骨は
重大な法律違反なの
タイホしちゃうぞ
ほ… 法律違反…
人生の最期に…
じゃあおひとりさまでお墓がない人はどうなるんですか?!
ズル
遺骨の行き先に悩んでいる人は多いですね

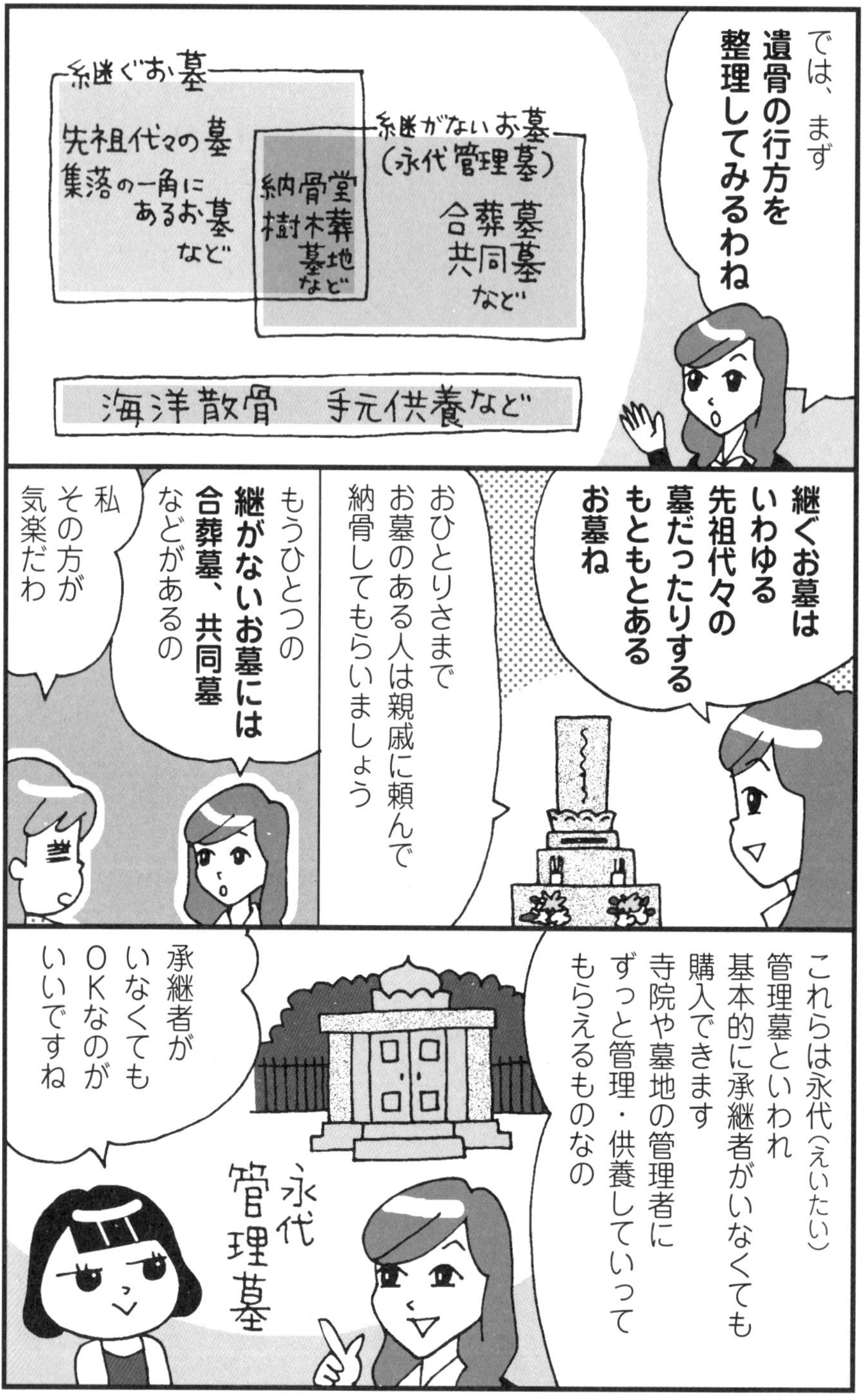
では、まず遺骨の行方を整理してみるわね
継ぐお墓
先祖代々の墓
集落の一角にあるお墓
など
継がないお墓
（永代管理墓）
納骨堂
樹木葬
墓地
など
合葬墓
共同墓
など
海洋散骨　手元供養など
継ぐお墓はいわゆる先祖代々の墓だったりするもともとあるお墓ね
おひとりさまでお墓のある人は親戚に頼んで納骨してもらいましょう
もうひとつの継がないお墓には合葬墓、共同墓などがあるの
私その方が気楽だわ
これらは永代(えいたい)管理墓といわれ基本的に承継者がいなくても購入できます寺院や墓地の管理者にずっと管理・供養していってもらえるものなの
永代管理墓
承継者がいなくてもOKなのがいいですね

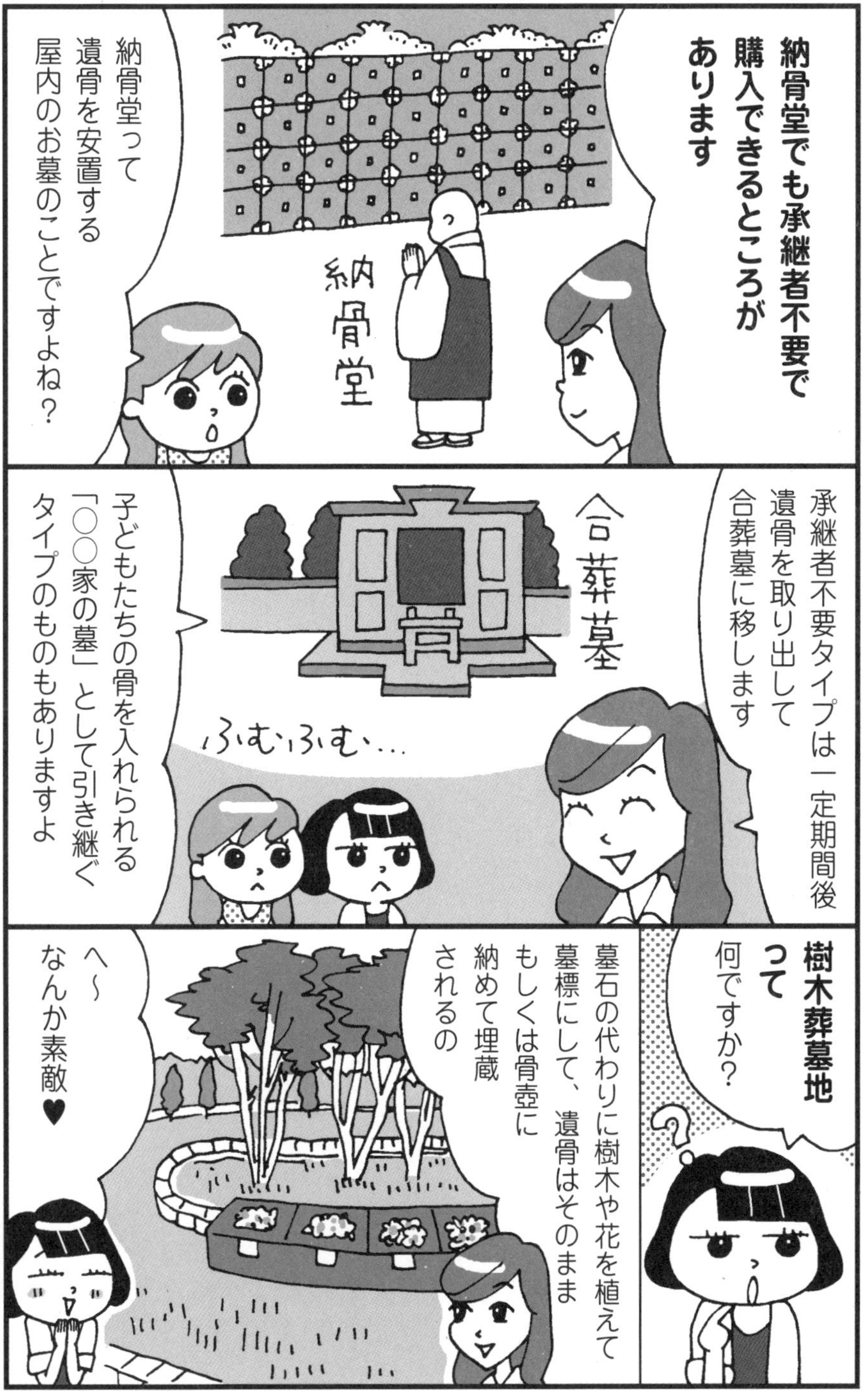

納骨堂でも承継者不要で購入できるところがあります
納骨堂
納骨堂って遺骨を安置する屋内のお墓のことですよね？
承継者不要タイプは一定期間後遺骨を取り出して合葬墓に移します
合葬墓
ふむふむ…
子どもたちの骨を入れられる「○○家の墓」として引き継ぐタイプのものもありますよ
樹木葬墓地って何ですか？
？
墓石の代わりに樹木や花を植えて墓標にして、遺骨はそのまま もしくは骨壺に納めて埋蔵されるの
へ～ なんか素敵♥

樹木葬はまだ新しい埋蔵法で何人かまとめて1本の木を植えるなど、墓地によって違うのできちんと調べた方がいいわね
遺骨
海に散骨なんてどうかな？
海洋散骨なら聞いたことあるかも
海洋散骨は遺骨を粉末状にして海にまくのですが
海水浴場 ✕
海産物の養殖場 ✕
しっかりした業者を利用して、ルールやマナーを守ってね
詳しくはP185を参照して
でも考えてみれば遺骨が全部海に消えちゃうのも寂しいなあ
そうですね遺骨の一部をミニ骨壺などに入れて仏壇に置いたりペンダントにしたりして手元供養する人も多いです

お墓を考えるのにもいろいろ選択があるんですね～
先祖代々の墓
納骨堂
合葬墓
樹木葬墓地
永代管理墓
海洋散骨
手元供養
自分だけのお墓はいらないという人は合葬墓や納骨堂などを考えておくといいですね
お葬式やお墓のことって面倒なことも多いですけど先祖からの縁を自分の世代でどうするのかを考えることなの
う～ん
例えば最近相談が多いのは墓じまいね
墓じまい？
自分の代以降継ぐ人がいない場合お墓を処理するのだけど自分だけでは決められないのよ他の親族に確認取らないと
トラブルになりそう…
今のうちにお墓をどうするか親と相談した方がいいわね
お墓って深いんですねー

STEP 1

知っておきたい！ お墓の基礎知識

自分の家のお墓について、きちんと知っていますか？
今は誰が管理し、誰が継ぐのか、自分はどうするのか。
まずはお墓の種類や費用、お墓にまつわる手続きをチェック。

運営母体は大きく3つ それぞれの特徴を理解しておきたい

最初に調べておきたいのは、自分の家のお墓の場所や、墓地の運営・管理をしているのがどんな団体か、担当者は誰なのか。いろいろな手続きをする上で必須の情報です。管理料も確認しておきましょう。

墓を継ぐ人がいるか 後を頼めるかも 考える要素に

墓を継ぐ人がいるかどうかは、自分の墓をどうするか考える上での重要な要素です。実家の墓に入るなら、墓を継ぐ人に後のことを頼みましょう。継ぐ人がいない場合は、自分の代での墓じまいも視野に入れて考えて。

墓地の運営

墓地の運営をしているのは大きく分けて左の3つ。費用、宗教、立地などそれぞれに違いがあるので、いいところ、注意すべきところをしっかり確認して選びたい。

［ 民間墓地 ］

環境が整備されていて、申し込みや宗教の条件もあまりない。費用は比較的高めで、アクセスはよくないことが多い。石材店の指定があることも。

［ 公営墓地 ］

自治体運営なので、経営も管理も安心。費用も比較的リーズナブルで、宗教も不問。募集数自体が少なく申し込みに条件があることも。

［ 寺院墓地 ］

管理がしっかりしており、立地のよいところが多い。また法要も依頼しやすい。檀家になるのが基本。石材店は指定される場合も。

お墓にかかる費用

どこが管理するかによっても違うけれど、墓地と墓石代だけでも、100万円単位の出費になることが珍しくないのがお墓。その他にも管理費や工事費などがかかることも多い。

管理費 ＋ **墓石・工事費** ＋ **永代使用料**

管理費：墓地の管理のため（共有スペースのメンテナンスなど）に必要な費用で、毎年支払う。費用は運営・管理方法によってかなりの幅がある。

墓石・工事費：墓石の費用は大きさやデザイン、石材店によっても変わる。墓石を設置するための設置費用や基礎工事費用などもプラスで必要に。

永代使用料：お墓を建てる土地は所有するのではなく、代々墓地として使用する権利をもらうこと。それが永代使用料で、最初だけ支払えばよい。

お墓の種類

先祖代々の墓としてずっと血縁者が継いでいくお墓と、継ぐ人を必要とせず、墓地の管理者に供養を任せるお墓の二種類がある。自分の家族環境を考えて選びたい。

［継ぐお墓］

明治以降一般的とされる昔ながらのお墓のスタイルで、お墓の承継者を決めて、その人が管理や供養をし、また次の代にそれを引き継ぐというもの。

［継がないお墓］（永代管理墓）

継ぐ人を必要とせず、寺院や墓地の管理者が代わりにずっと管理・供養してくれる、いわゆる永代管理（永代供養）墓のこと。

供養の方法

宗教によっても異なるが、日本で多い仏式は、仏壇で毎日の供養を行う。お墓参りは祥月命日、盆と彼岸などに。新盆（最初の盆）は特別な準備をする地域も。

改葬

故郷に住む人がいなくなり、墓（遺骨）を都会の住居の近くに移すことも増えてきた。この改葬には自治体の許可や受け入れ先の証明などの手続きが必要なので左で確認を。

今までの墓地に改葬の相談
↓
新しい墓地を決める
受入証明書を発行してもらう
↓
今までの墓のある市区町村の役所で改葬許可申請書をもらう（ホームページからダウンロード）
↓
今までのお墓から埋蔵証明をもらう
↓
書類が完成したら今までのお墓の市区町村の役所に受入証明書と改葬許可申請書、埋蔵証明を提出して改葬許可書を交付してもらう
↓
今までのお墓の住職に読経してもらう閉眼、魂抜きなど宗教行事など墓地を更地に戻すための整備を行ってもらう（要費用）
↓
遺骨を取り出す
↓
新しい墓地に改葬許可書を提出して納骨する。納骨時に宗教的儀式を行うことも。

墓じまい

墓を継ぐ人がいなくなってしまう場合、墓じまいを考える必要がある。遺骨の行き先を決めて、それまでの墓から移す手続きをしよう。

おひとりさまのお墓について考えておきたいポイント

1. 自分の家のお墓の運営を調べる

寺院墓地、公営墓地、民間墓地のどれになるのか調べよう。墓じまいの際は管理者からの証明も必要になるので、連絡先をチェック。

2. 誰が管理するお墓かをチェック

墓は他の財産のように分割できないので、代々承継する人を決めて受け継ぐことになる。自分の家の墓の承継者が誰なのかを調べて。

3. 自分のお墓や納骨を考える

兄弟など継ぐ人がいる場合は実家の墓に入るのか、自分はひとり、永代供養（管理）墓にするのか、散骨するかなども考えておきたい。

4. お墓を改葬する場合は今までの墓の運営元や親族に先に相談する

寺院墓地の場合は、離檀料も支払うので墓を移す際に住職に相談を。どんな墓地でも埋蔵証明書の発行やお墓を移す工事は必要に。

5. 先祖からの墓が自分の代で途絶える場合墓じまいを考える

家の墓を受け継ぐ人が自分以外に誰もいない場合は、自分が亡くなった後のことも考えて、永代供養（管理）墓などに墓じまいを。

STEP 2

いろいろスタイルをチェック！
埋葬の基礎知識

埋葬や納骨、つまり遺骨をどうするかも考えておきましょう。最近は散骨のように、お墓を設けないスタイルも増えてきています。

残された人のことを考えるなら遺骨の行き先は決めたい

葬儀ならば、費用を準備して生前予約をしておけば、せめてそれくらいは…と親戚も面倒を見てくれます。ただ遺骨の預かりをお願いするのは結構ハードルが高いはず。葬儀の後のことも考えて。

自分の墓をどうするかまずはそこから。ただ選択肢も増えている

ＳＴＥＰ１で紹介したように、自分の家の墓がどうなっているのか、継ぐ人はいるのかを確認し、自分はどうしたいかを考えましょう。最近は選択肢もかなり増えていますから、じっくり検討を。

遺骨の行方

埋葬・納骨をどうするか考えるときに役立つのが下のチャート。
墓にもいろいろな種類があるので、状況によって選択を。

継ぐお墓

代々継いでいく、いわゆる昔からのお墓。慣習として長男が継ぐことが多いが、最近は社会情勢の変化で長男以外が継ぐことも。

継がないお墓（永代管理墓）

埋葬される人の代で終わり、子どもなど次の代が継がないお墓。家や個人の墓ではなく、何人かが一緒に埋葬されるタイプが多い。

- 先祖代々のお墓
- 集落の一角にあるお墓など（みなし墓地）
- 納骨堂
- 樹木葬墓地
- 合葬墓
- 共同墓

- 海洋散骨
- 手元供養

継ぐ墓も継がない墓も遺骨を墓地や納骨堂などに納骨するが、海洋散骨や手元供養は遺骨を海に撒いたり手元に置くスタイルになる。

遺骨の行方の解説

[継ぐお墓]

● 先祖代々のお墓

先祖から子孫までが代々入る最もポピュラーな「●●家先祖代々之墓」。まれにふたつの家が入る両家墓もある。

● 集落の一角にあるお墓など（みなし墓地）

1948年5月に施行された墓埋法以前から存在していた墓。現在は自治体の許可なしで新しく墓を作ることは認められていない。

[継がないお墓（永代管理墓）]

● 合葬墓

家族単位ではなく、いろいろな人が合同で埋葬される。骨壺のまま埋蔵するものと、骨壺から出して共同の場所に納めるものがある。

● 共同墓など

同じ目的を持つ人たち、例えば同じ教会や会社のメンバー、墓に対する考え方が同じ人が集まったNPO法人などが運営・管理する墓。

[お墓を設けない]

● 海洋散骨

遺骨を粉末にして水溶性の紙に包み、船で沖に出て海に撒く散骨。節度を持って行う限りはOKという関係省庁の見解も表明されている。

● 手元供養

遺骨をそのまま手元に残して祀ること。散骨などで何も残らないのは寂しいからと一部を分骨し、小さい骨壺などで手元に置く場合も。ただし、いずれはどこかに納骨することを考えて、分骨用の証明書は取得しておくこと。

[継ぐ・継がない どちらの場合もある]

● 納骨堂

遺骨を納める屋内のお堂や施設。個人のものだけでなく、家族間で継げるものも。一定期間が過ぎると他の遺骨と一緒に合葬される。

● 樹木葬墓地

墓石の代わりに樹木や花を墓標にした墓。遺骨は土に埋める場合と骨壺に納める場合がある。樹の周りに納骨堂を設けたタイプも。

最近注目されている埋葬方法をチェック！

[樹木葬墓地]

寺院が里山の一角を墓地として遺骨を埋め、樹を植えるという方法でスタート。今はプレートを設置できたり、ペットと一緒に納骨できるところも。これからもさまざまなスタイルが登場するだろう。

[海洋散骨]

海洋散骨には、遺族だけで船をチャーターする個別、複数組の遺族が同乗する合同、全てを業者に任せる委託がある。実績や費用も確認して業者選びを。

★費用

5～30万円

他の埋葬方法と比べると費用は比較的リーズナブルで、プライベート感が高まるほど料金はアップする。散骨後は管理費なども不要。

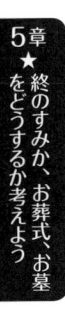

＼ココに注意！／

樹木葬の場合、納骨場所が墓地の許可を受けているか、運営母体についてもチェック。手元供養で分骨するときは分骨証明書が必要。

お葬式　お墓　事務処理 etc.

最期のことはどうなるの？

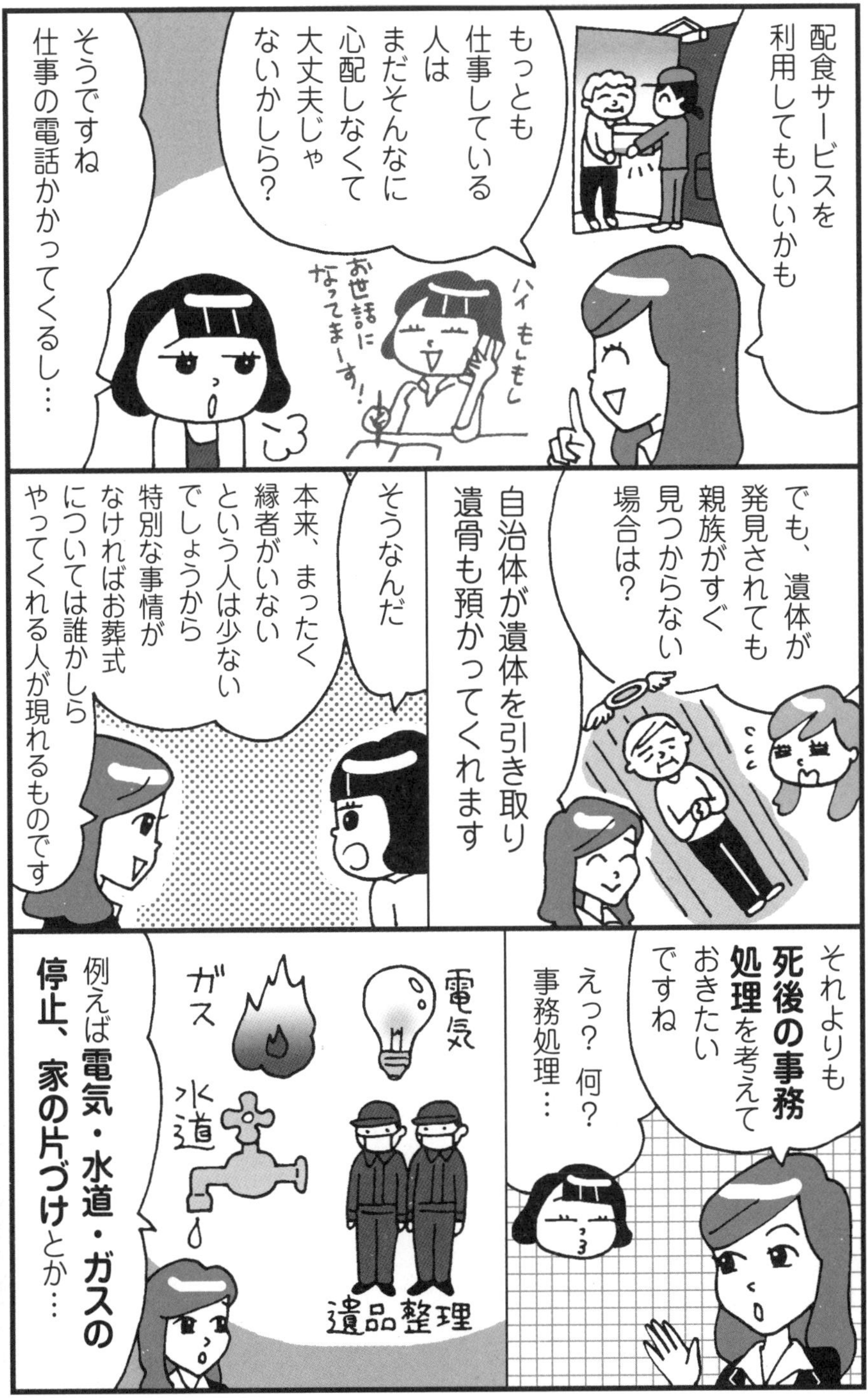
配食サービスを利用してもいいかも
もっとも仕事している人はまだそんなに心配しなくて大丈夫じゃないかしら?
ハイもしもし
お世話になってまーす!
そうですね仕事の電話かかってくるし…
でも、遺体が発見されても親族がすぐ見つからない場合は?
自治体が遺体を引き取り遺骨も預かってくれます
そうなんだ
本来、まったく縁者がいないという人は少ないでしょうから特別な事情がなければお葬式については誰かしらやってくれる人が現れるものです
それよりも**死後の事務処理**を考えておきたいですね
えっ? 何? 事務処理…
電気
ガス
水道
遺品整理
例えば**電気・水道・ガスの停止、家の片づけ**とか…

確かに…
クレジットカードとかどうしよう…
そういった事務手続きは身内でも頼まれるとけっこう負担なのよね
のぞみ！まかせた!!
ばレ
えーっそんな〜
そんな人は**死後事務委任契約**するといいうこともできるわ
死後に役所の手続きや遺品整理など事務手続きを第三者に委任する契約で士業（行政書士、司法書士、税理士など）にお願いするといいわね
元気な間に考えないといけないなぁ
んん〜…
何してんのいくよさん
のぞみに虫の知らせを送れるように今日から超能力鍛えようかと
全く関係ないと思う…
あのー
スプーン曲げないでくださいね

STEP 1

備えておきたい！ 最期の準備

亡くなった後には、実は膨大な事務手続きがあります。
でも、そこまで親族に面倒をかけたくない…。その場合、
さまざまな処理を依頼する契約を結んでおくという方法も。

頼れる親族がいない 親族に頼りたくない そんな人は事前契約を

亡くなった後の届け出関係や事務手続きは種類も量も多く、処理にも時間がかかります。快く引き受けてくれる人ばかりではないでしょう。そのために契約制度があります。

死後のことだけでなく 生前のもしも！にも 備えておきたい

あまり考えたくはないですが、年を取ってから体が不自由になることや、認知症で正常な判断が下せなくなることもあります。できれば健康で判断力のあるうちに準備を。

おひとりさまは生前に準備しておく

親しい友人がいるなら、葬儀やお墓の手配は生前に全て終えた上で、喪主になってくれるよう頼んでおきたい。おひとりさまの葬儀を手助けしてくれるNPO法人も増えてきている。

もしものときに備える契約制度

不安を抱えて毎日を過ごすより、事前の契約で安心を手に入れるのもおすすめです。料金がそれなりにかかるので、事前にきちんと調べておきましょう。

主な事務処理

- □ 役所への届け出
- □ 葬儀社の手配
- □ 納骨の手続き
- □ ガス・水道・電気の停止
- □ 部屋の片づけ
- □ 遺品整理
- □ 住居の処分・手続き

死亡後の事務手続き
↓
死後事務委任契約

行政書士事務所などで契約を結び、左記のような事務処理を依頼することができる。全てを依頼すると、契約書作成費も含めかなり高額になることも。

判断能力が低下する前に
↓
任意後見契約

認知症などで判断力が衰えた場合に備え、ケアや財産管理について信頼できる人や法人と結んでおく契約。後見人、監督人、契約書作成にも費用が必要。

体が不自由になったとき
↓
見守り契約

定期的に健康状態を確認し、緊急時は親戚や行政に連絡してくれる契約。電気ポットや電気、ガスの利用状況などで通知するもう少し気軽なサービスも。

モノ 生活スタイル etc.

暮らしの整理をしよう

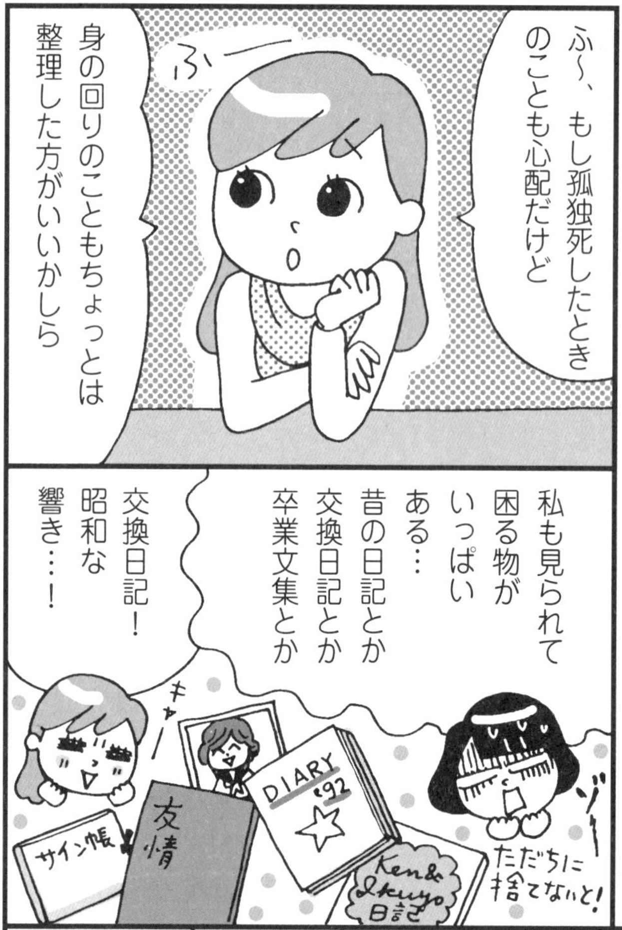

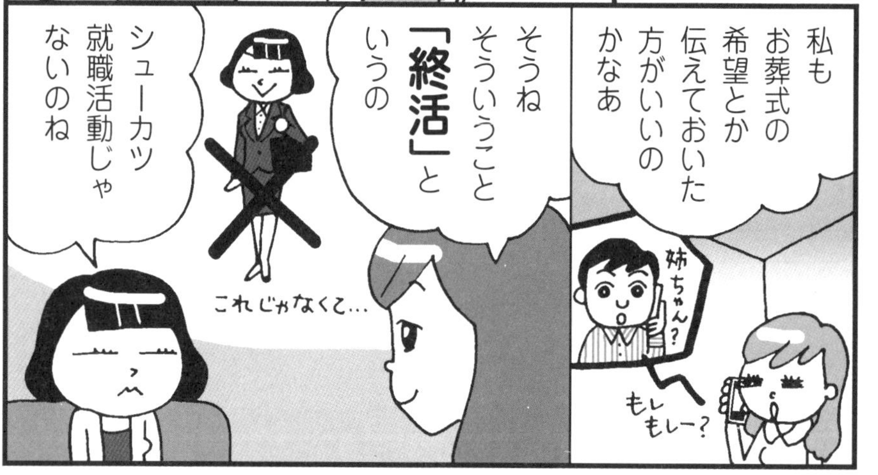

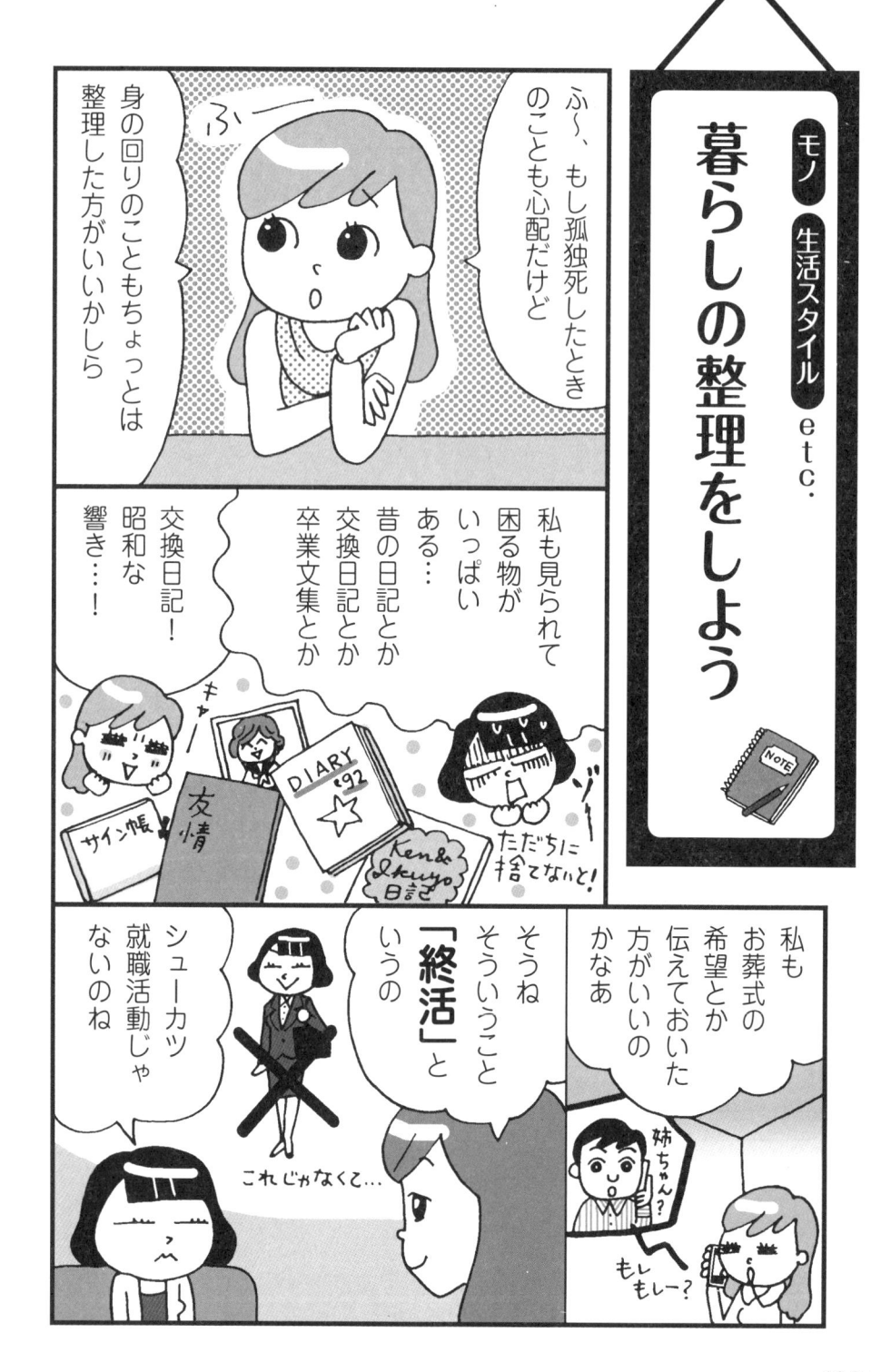

自分の人生の終焉に向けて行う活動のことなんだけど
もしものときのためにエンディングノートを使って整理したり、自分のお葬式やお墓を考えてみたりすることなの
エンディングノートって何ですか？
これは映画のエンディング
完
主に自分史や親類知人の連絡先、医療や介護についての希望
エンディングノート
ADDRESS
財産や葬儀お墓についての希望を書き込むものなの。書き込んだら伝えたい相手に見せるんだけど
うっ大変そ〜
自分史!?
そんなのハズカシー!!まだ見せられませんよォ〜
おふたりはまだアラフォーなんだし非常時に必要な情報を整理しておくだけでいいんじゃないかしら
ほっ…

親類・知人の連絡先、加入保険、持病やアレルギーの有無、常備薬などでいいと思うの
おくすり手帳
○○生命
ADDRESS
ノートに限らずスマホやパソコンにまとめてもいいわね
私はスマホに何でも書いてあるからその方がいいかもー
そういうアプリあるかな…
ふむ
ふむ
パソコンやスマホなどで管理している人はある程度の歳になったら
希望を伝えたい人にパスワードの解除方法を言っておくと安心かもね
後は、身辺整理ですね引っ越しが多いと荷物は減っていく傾向ですが
引っ越し
引っ越し
ゴミ
多い人
引っ越し
50歳
ドーン
ひえ〜〜
ゴミ
そうでない人
50歳
そうでない人は50歳ぐらいで一度思い切って片づけしたほうがいいわね

それ 私のことだ! 仕事の資料で押し入れいっぱいだし…
うっ… 見なかったコトにしよう〜〜
なんかもったいなくて…
私も〜!! 紙袋でいっぱいだし…
キレイな箱とかも…
50歳を過ぎた頃なら生活スタイルや嗜好も変化する年齢なので片づけにもちょうどいいわよ
いや 今でもすごいことになっているので…
ぞ〜
頼む!! のぞみ私の家の開かずの押し入れ開けるから立ち会って!!
うちの開かずの押し入れもお願い!!
おふたりの脅え方を見ているとさながらホラーのようですな…

STEP 1

今から始めたい！ 暮らしの整理

葬儀やお墓のこと、財産の相続をどうするかを決めても それがきちんと遺族に伝わらないと意味がありません。 自分の意志をまとめ、わかってもらえる準備をしましょう。

自分の人生を振り返り これからを充実させる 機会にもなるのが終活

元気なうち、自分のしたいことがきちんと決められるうちに始めるのが終活です。今までを振り返り、これからどうするか考えることで、まだまだ続く人生で何をしたいか、何をすべきかが見えてきます。

エンディングノートは 必要なことをメモする 気軽な気持ちで始める

漠然と終活といっても、何からスタートすればいいか迷う人も多いでしょう。おすすめはエンディングノートです。ただし、現段階では自分史や家系図など書きにくいところがあるので、もしものときに連絡してほしい人のアドレスや健康保険証の番号など書けるところから整理していきましょう。

終活とは

死ぬまでのこと、死後のこと 人生の終わりに向けての活動

人生の終わりをどのようにしたいかを考えて計画を立てる終活。人生後半を豊かに過ごす準備でもあるので、最近は40代前後から取り組む人も増えている。

★主にやること

エンディングノートを書く

スタートはここから。いろいろな種類があり、書店やネットで簡単に手に入ります。これなら書けそうと思うものを選ぶのがコツ。

最期のことを考える

最期をどこで迎えたいのか、介護が必要になった場合、どんな施設で誰にケアされたいのか、病気の治療はどこまでしたいのかなど。

葬儀やお墓を考える

親族・友人たちに、あの人らしい最期ね、と快く送ってもらうためにも、大切な項目。お葬式、お墓についてのページを参考に考えて。

生前整理をする

業者に委託すると数十万円の費用が必要に。気持ちのよい老後を過ごすためにも、家の中にあふれる物の整理を早めに始めたい。

遺言や相続の準備をする

子どもがいない場合、死後の手続きや財産についての遺言の準備を。手軽な遺言書もあるが、公正証書遺言だと無効になる心配がない。

エンディングノートとは

意志をきちんと伝えられ 非常時にも役立つノート

ノートを書くだけでいろいろなことが整理でき、自分の生活も見直せる。気軽な気持ちでできるところから書き込もう。法的効力はないが、遺族にも役立つ。

★エンディングノートの概要

- 自分史
- 家系図
- 親族・知人の連絡先（最期のときに呼んでほしい人）
- 介護についての希望
- 医療についての希望
- 預貯金のありか
- 加入保険の詳細
- 相続について
- 葬儀やお墓の希望

＼ココに注意！／

エンディングノートは法的効力がなく遺言にはならない。保管場所を家族などに忘れず伝えて。途中で書くことに挫折しないよう自分に合うタイプのものを。

おひとりさまがエンディングノートなどで特に整理しておきたいこと

一度に全項目を埋めるのにはかなりエネルギーが必要なので、
時間がない人は、非常時に欠かせない情報から書き込みましょう。

整理しておくこと	ポイント
□ 親族・知人の連絡先	入院時や危篤になったときに知らせてほしい人、亡くなったことを連絡してほしい人など。勤務先や所属している団体があればそれも。
□ 健康保険証の種類・記号・番号	入院時には真っ先に必要になる情報。亡くなった後の届け出のためにも必要。番号などを控えておこう。
□ 加入している保険	医療保険、生命保険、車両保険など、加入している保険の証書番号など。加入を知らず遺族が保険を受け取れないことがないように。
□ 持病があるか	病気になったときや非常時に必要な情報。大きな病気をした経験があれば、それも記入を。食事制限など日常生活の注意事項もチェック。
□ 薬・食品のアレルギーがあるか	これも病気になったときに必ず知らせなければならない項目。薬の副作用などの情報なども忘れずに。治療する際の参考になる。
□ 常備薬	災害などの非常時に、普段飲んでいる薬の名前がわからないという人も多かった。お薬手帳のコピーなどを貼っておいてもいい。
□ かかりつけの医師	病歴などの確認先になる。また自宅での看取りを希望するなら、万が一の診断書を作成してくれる在宅医療のかかりつけ医師を決めて。
□その他	病名や余命を告知してほしいか、終末医療はどこまで希望するか。貴重品の保管場所、預貯金やカード類情報、知人の住所録なども。

ココに注意！
市販されているエンディングノートの項目を全て埋めるのは難しいので、必要な部分のみ書いたり、自分の好きな方法でまとめておきましょう！

今のうちにやっておきたい！

不要な物の整理・処分

気力も体力も十分なうちに、後に残る人に残したい物と捨てる物に分け、ネットオークションやリサイクルショップで処分を。

コミュニティ作り　仕事　etc.

老後のお付き合いや働き方はどうする？

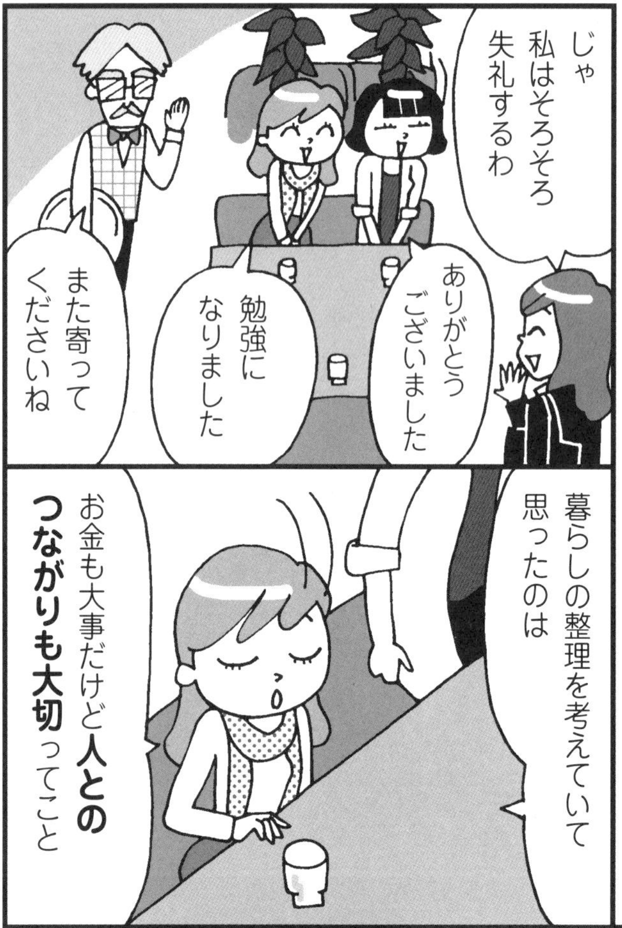

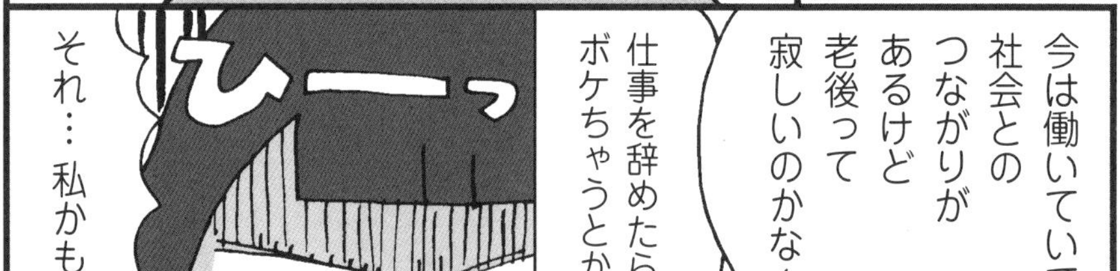

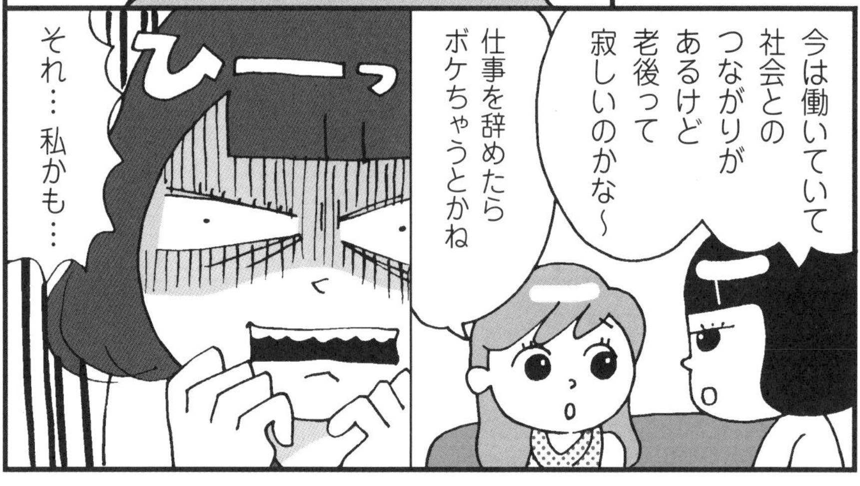

マスター お店で 雇ってください!!
それは… 無理…
カランコロン♪
あっ
こんにちは～
畠中先生!
ウフフ 聞こえていたわよ
いらっしゃいませ
ここいい?
もちろん!
私たちが老人になる頃は60歳以上でも働き続けられる社会になっているしシルバー人材の活用も広まっているはずよ
65歳になるまで継続雇用制度もあるし、いったん退職して再就職先を探しながら**失業保険の手続きをすれば最大150日間給付金を受け取れるわ**
はあ～ちょっと安心かも
マスターいつものね
失業手当を受給している間に再就職した場合「高年齢再就職給付金」を受け取れるのよ詳しくはP201を見てね

でも先生仕事ってあるかしら?
各自治体のシルバー人材センターで高齢者に仕事を紹介していたり仕事に役立つ講習会をしたりしているの
へぇ～ そうなんですかチェックしてみよう
自治体に頼るのもいいけど私は仕事の面でも人の面でも住んでいる地域とのつながりを大切にするといいんじゃないかと思うの
ご近所付き合いってこと?
そうね。でも都会はなかなか難しいから
住んでいる駅周辺で行きつけのお店があるとかそういうことからでいいんじゃないかしら
コポコポコポ
マスターの店みたいね

そう、そこに集まる人と つながりを持っていると 一緒に楽しめるし 老後は寂しく ないかも
確かに 嗜好が同じ人なら 共通点も見つかりそう
あとは 働くのも いいけど ボランティア 活動するのも いいですね
私、たまに 養護施設で お手伝いして いまーす！
あらー 感心だわ
年齢も職業も バラバラだけど 仲間も できるし
人の役に 立てるかもと思うと 充実感があります♪
老後は悠々自適も素敵 ですけど **少しでも 社会と つながりを 持つことが 心の面では 大切ですね**
マスター これからも よろしくお願い しま～す！
こちらこそ！

STEP 1

イメージしておきたい！
老後のお付き合い＆働き方

リタイア後は住んでいるエリアでのお付き合いが大切なポイントに。完全リタイアはちょっと…という人は、働くための準備も。

老後をもっと楽しく活き活きさせる友だち付き合い

仕事上のお付き合いも続けられるといいのですが、時間的・地理的に難しくなることも。長い時間を過ごすことになる地元に楽しく交遊できる人たちがいると、毎日の生活がずっと楽しくなります。

お金のことだけでなく充実した生活のために働き続けるのもアリ

少しでも余裕のある暮らしのために、元気なうちは働き続けたい人も多いでしょう。ただ定年後の再就職先を見つけるのはなかなか大変なことも。あまり条件にこだわり過ぎず、早めに仕事探しを始めましょう。また、再就職先が見つかるまで雇用保険に加入していた人なら申請すれば失業給付金を受給できます。再就職して条件を満たせば高年齢再就職給付金が受け取れる制度なども利用しましょう。

おひとりさまの老後のお付き合いのポイント

1. 住んでいるエリアで行きつけの店や場所を作る

全国チェーン店よりも地元に住む人がオーナーのお店がベター。今からでも休日などに足を運んで、地元の人たちと顔なじみになって。

2. ご近所のイベントに参加してみる

自治体などが開催するイベントや講座、地元のお祭り、ミニコンサートなど、広報誌やチラシをこまめにチェックして情報を入手。

3. 共通の趣味の仲間を作る

会話が弾むのが趣味仲間のいいところ。ネットや自治体広報誌のサークルメンバー募集などが窓口に。教室に通うのもおすすめ。

4. 生活スタイルが似ている人と友人になる

おひとりさま同士や、経済状態が同じ、同業者だったなどスタイルが似ていれば、無理せずにお付き合いが続けられそう。

5. ボランティア活動に参加してみる

自分の特技や仕事で得た技術を活かすなど、興味のある分野でお手伝いができるボランティア活動。同じ目的を持つ仲間ができるかも。

定年後に働く場合

定年から年金を受給するまでの間、収入減をカバーしてくれる
制度があります。制度を利用して老後資金を切り崩さないようにしましょう。

再就職する

定年後の再就職は、なかなか大変。現役時代から就職活動をする、知り合いに声をかけておく、特別なスキルを身につけるなどの準備をしておくことが大切。

↓

失業保険の申請をしよう！

定年後も働く意志と能力があれば、失業保険がもらえる。会社都合退職なので、待機期間は原則7日。退職翌日から1年以内にハローワークで手続きを。

★給付期間　最大150日

★もらえる金額の目安
退職前の6カ月間の平均賃金の45～80%

ココに注意！
65歳未満の人の場合、失業保険と老齢年金は同時に受給できない。

継続雇用制度を利用して働く

65歳未満が定年の企業は、65歳までの継続雇用が必須に。いったん退職後に雇用する「再雇用制度」、雇用契約をそのまま延長する「勤務延長制度」がある。

ココに注意！
いずれも正社員で契約は少なく、嘱託、契約、パートやアルバイト、関連会社へ出向することが多い。

★失業保険（雇用保険の失業給付）の給付日数

被保険者であった期間			1年未満	1年以上 5年未満	5年以上 10年未満	10年以上 20年未満	20年以上
一般の離職者	退職時の年齢	全年齢共通	90日※	90日	90日	120日	150日
倒産、解雇による離職者	退職時の年齢	45歳以上 60歳未満	90日	180日	240日	270日	330日
倒産、解雇による離職者	退職時の年齢	60歳以上 65歳未満	90日	150日	180日	210日	240日

※病気などが理由で退職せざるを得ない場合など

再就職したら「高年齢再就職給付金」を受け取れる

失業保険基本手当を100日分以上残して再就職した場合、再就職先の給与が基準より低いなどの条件を満たせば受け取れる。再就職手当との併用は不可。

仕事の見つけ方

シルバー人材センターなどを活用して社会との繋がりを

基本はハローワークなどに問い合わせを。また、自治体のシルバー人材センターなら高齢者に仕事を紹介するほか、仕事に役立つ講習会もあるので活用してみよう。

働きながら受け取れる「高年齢雇用継続基本給付金」

雇用保険に5年以上加入期間があり、60歳以降失業保険を受け取らなかった人で月額賃金が60歳時点の賃金の75%未満になった場合、給付金を受け取ることができる制度。

受給条件

- 60歳までに雇用保険に5年以上加入
- 失業保険を受けていない
- 月額賃金が60歳時点の賃金の75%未満に低下

受給期間

60歳～65歳

給付金の目安

60歳以降の各月に支払われた給与の15%を上限に60歳時点の給与からの低下率に応じて給付金を支給。支払賃金と支給額の合計が34万761円以上の場合は支給されない。

書き込みシート

今までの暮らしを振り返りながら
終のすみか、お葬式、お墓など自分の最期を
どうしたいかまとめおきましょう。お墓などは
家族に聞いて今のうちに整理をしましょう。

● お墓について

★お墓

□ 持っている

名称：

場所：

連絡先

□ 持っていない

★埋葬について

□ お寺のお墓
□ 公営墓地のお墓
□ 民間墓地のお墓
□ 共同墓
□ 合葬墓
□ 納骨堂
□ 樹木葬墓地
□ 海洋散骨
□ 手元供養
□ その他（　　　　　　　　　　）

● 暮らしの整理

★整理しておくこと

□ 親族・知人の連絡先
□ 健康保険証の種類・記号・番号
□ 加入している保険
□ 持病があるか
□ 薬・食品のアレルギーがあるか
□ 常備薬
□ かかりつけの医師
□ その他

暮らしの整理・最期のこと

● 終のすみか

★希望する高齢者施設

公的高齢者施設

□ 特別養護老人ホーム
□ 老人保健施設

社会福祉法人や地方自治体が運営

□ 軽費老人ホーム
□ ケアハウス（介護型ケアハウス）

民間の高齢者施設

□ 住宅型有料老人ホーム
□ 介護型有料老人ホーム

民間や公営・公団の高齢者向け住宅

□ サービス付き高齢者住宅
□ シルバーハウジング

☑ 高齢者施設選びのチェックリスト

□ 立地　□ 部屋の広さ・設備　□ 食事サービス
□ 送迎サービス　□ 共用施設　□ 生活支援サービス
□ 費用　□ 介護サービス　□ 契約の注意点

● お葬式について

★葬儀のスタイル

□ 仏式　□ 神式　□ キリスト教式　□ 無宗教なので自由な式　□ その他

★希望の葬儀の種類

□ 一般葬　□ 家族葬　□ 直葬

★葬儀の費用

□ 用意してある　□ 特に用意していない

★葬儀をお願いする人： ________________________

いや～老後のこといろいろ勉強になったね
まだ早いと思っていたけどなんとなく不安だったことが解消できたね
年金がいくらもらえるかだいたい目安がついたし
あのハガキはじめてちゃんと見たもの
ねんきん
家を購入するための資金についてもわかったしね
マスターのおすすめメニュー最高です！
キラン
お役に立ててよかったです
おすすめ
MENU

先生の話を聞いて
あれから実家の整理や
もしものときの処分に
ついて親と相談してみたの
ちゃんと考えてくれたのねー
怒るかな？
と思ったら
親が『ちゃんと考えて
くれたのね』って
喜んでくれてね
うちもお墓のこと
聞いてみたら
親のお墓は
継がないお墓
だったから
あとは自分が
どうするか
考えるので
いいみたい
ウチのお墓はなー
畠中先生
吉川先生
ありがとう
ございました！
でも何より
この時期に老後のことを
考えておけてよかった〜
ライフプラン
書くのも
実は楽し
かったり！
文字にして書くと
実現するような
気がするし〜
老後にやりたい
こととか整理
できたよね
2016
2017
38
39
40
働く
働く
働く
結婚
200万
その他

老後のことはおひとりさまであろうとなかろうとみんな不安なものですからね
トマトソース仕込み中
ホントホント！だって仕事辞めてからいざやりたいことっていっても何したらいいかわかんないし
ふ
えっ…と…
老後って何したらいいの…?
危うくそんな老後になるとこだった!
どんな老後を送りたいか今から考えておけばそれに合わせて老後資金を貯められるし！
チャリーン♪
お金も貯めて
目標があれば飽きっぽい私もがんばれそう!!
親と海外旅行も実現させるぞ
老後のことを早目に考えることが豊かな老後につながりますそれからやっぱり人のつながりは大切ですよ
うんうんお葬式とか親戚にお世話になることもあるし

地域や社会とつながっていれば孤独死も予防できるしね
おはようございまーす
おはようございまーす
のぞみ…やっぱりうちの鍵持っていて
いくよさん私もお願いします
ぎゅっ
『今』を充実して過ごすことも大切ですよ
心配ばかりしてもダメよね
うん
そうそう！元気なうちに遊びも老後の準備もしとかないと
カランコロン
マスターごちそうさま
ありがとね！
独身だけどひとりじゃないと思えるような老後を暮らすために今から考えながら
充実した現在を楽しめるように生きていこうね
またのお越しをお待ちしていますありがとうございました
The End

編著者　百田なつき

終活カウンセラー初級。1992年株式会社リクルート（現（株）リクルートマーケティングパートナーズ）に入社。結婚情報誌『ゼクシィ』の営業、編集を経て、1999年フリーランスのエディター・ライターに。結婚のお金、手続き・届け出、ライフスタイルなどの記事を多数制作。編著に『結婚1年目のトリセツ』（マイナビ）がある。他、大人の女性向けのファッションスタイリングの書籍で編集・ライターとしても活躍。

絵　にしだきょうこ

北海道出身、愛知県在住。北海道綜合美術専門学校（現　北海道芸術デザイン専門学校）卒業後、上京。デザイン事務所にグラフィックデザイナーとして4年勤務。結婚を機にイラストレーターに。現在、ファッション、育児、美容、健康雑誌や書籍でのイラストを中心に活動中。イラスト担当の著書に『お掃除したら、いいことあった！』（リベラル社）など。
http://www.versographic.com

監修

第1～4章、5章（終のすみか、他）：
ファイナンシャルプランナー

畠中雅子

東京都港区生まれ。新聞・雑誌・ウェブなどに20本前後の連載を持つほか、講演、相談業務などを行う。得意なテーマは「教育資金」「生命保険」「住宅ローン」「老後の住み替え」など。『50歳からのハッピーリタイア準備』（技術評論社・共著）、『老後に必要なお金が貯まる本』（宝島社・監修）など、著書、監修書は約60冊。プライベートでは3児の母。

第5章（お葬式・お墓、他）：
アルック　代表　終活アドバイザー

吉川美津子

葬儀・お墓コンサルタント、終活アドバイザー。大手葬儀社、仏壇・墓石販売店で実績を積み、専門学校で葬祭マネジメント学科の運営に携わる。現在は葬儀ビジネスに関するコンサルティング業務の他、取材・執筆、講演活動を行っている。著書は『葬儀業界の動向とカラクリがよーくわかる本』（秀和システム）、『「まだ元気!」なアナタのための終活のはじめかた』（メディアファクトリー）、『ゼロからわかる墓じまい』（双葉社）など。

おひとりさまの
老後のお金と暮らしの本

2015年7月31日　初版第1刷　発行

著者……百田なつき（編著）　にしだきょうこ（絵）
発行者……中川信行
発行所……株式会社マイナビ
〒100-0003 東京都千代田区一ツ橋1-1-1 パレスサイドビル
TEL：0480-38-6872（注文専用ダイヤル）　TEL：03-6267-4477（販売部）　TEL：03-6267-4445（編集部）
E-mail：pc-books@mynavi.jp　URL：http://book.mynavi.jp

Staff
カバーデザイン……名和田耕平デザイン事務所
本文デザイン……うちだともこ
編集協力……清水真保（第3～4章・5章の1部）
校正……田中麻衣子
編集……百田なつき、成田晴香（マイナビ）

印刷・製本……株式会社大丸グラフィックス

ISBN978-4-8399-5529-8 C2077　Printed in Japan